Dieter Schweer

Daimler-Benz

Dieter Schweer

Daimler-Benz

Innenansichten eines Giganten

ECON

Die Deutsche Bibliothek – CIP-Einheitsaufnahme

Schweer, Dieter: Daimler-Benz: Innenansichten eines Giganten/Dieter Schweer. – Düsseldorf: ECON, 1995. ISBN 3-430-18215-8.

Gesetzt aus der Century und Futura. Satz: Dörlemann-Satz, Lemförde. Papier: Papierfabrik Schleipen GmbH, Bad Dürkheim. Druck und Bindearbeiten: F. Pustet, Regensburg. Printed in Germany. ISBN 3-430-18215-8.

Inhalt

1. Kapitel

Die Vision des Edzard Reuter

»Was umläuft an Wahrheiten, auch Teilwahrheiten, an Meldungen und Meinungen, auch an Gerüchten, setzt einerseits den Rahmen, in dem das Geschehene abläuft, und andererseits ist es Stimulans für die, die das Geschehen machen. Schon immer wurden auf den Märkten – Marktplätzen – nicht nur Waren und Geld getauscht, sondern auch Nachrichten.«

Hilmar Kopper

Sein Traum

Mit einem leichten, kaum hörbaren Klick springt die Autotür des Mercedes auf. Der Besitzer verstaut seine Infrarotfernbedienung mit dem persönlichen Wagencode in der Brieftasche und nimmt im komfortablen Schalensitz Platz. Automatisch stellt sich der Sitz auf die programmierte Fahrhaltung ein. Mit einem leichten »Plop« fällt die Tür zu. Der zentrale Autobildschirm leuchtet auf: Bitte anschnallen! Das Fahrerinformationssystem zeigt an: 40 Liter im Tank – nächste Inspektion in 3422 Kilometern – Öl o. k.! Noch ein leichter Klick, und der selbstregulierende Sicherheitsgurt ist fest eingerastet. Jetzt blinkt es auf dem Bildschirm: Zielort eingeben! Geräuschlos tippt der Fahrer ein: Daimler-Benz, Stuttgart – Deutsche Bank, Frankfurt. Fahrweise? – Sparsam! Der Minirechner meldet zurück: Fahrtdauer 2 Stunden 10 Minuten! Alle Funktionen o. k.! Keine Staus! Bitte starten Sie!

Das verschleiß- und wartungsfreie Transistorzündsystem funktioniert auf Anhieb. Mit einem leichten Surren springt der verbrauchsarme Sechszylindermotor aus Keramik mit seinen 24 Ventilen an. Von jetzt an regelt die Motronic Benzineinspritzmenge und Zündzeitpunkt im Leerlauf wie bei voller Fahrt. Beschleunigungssensoren melden dem Fahrwerk, was Sache ist, hart oder weich. Das Fahrerinformationssystem gibt mit einem Pfeil die einzuschlagende Richtung an: Möhringen – Hohenheim – Plieningen – Autobahnauffahrt Flughafen. Verfahren? Nein, das ist nicht mehr möglich. Staus werden sofort umgangen. Mit dem elektronischen Fremdenführer findet der Fahrer ohne jede Ortskenntnis, aber auch ohne Umweg oder Irrweg sein Ziel. Das eingebaute Global-Positioning-System prüft via Satellit den Standort. Die zur Streckenplanung erforderlichen Informationen werden von einer CD-Rom abgerufen.

Endlich auf der Autobahn. Ein Knopfdruck, und schon übernimmt, wie im Flugzeugcockpit, der vollautomatische Autopilot mit dem eingebauten Tempomat alles Weitere. Entspannt lehnt sich der Fahrer in seinem Mercedes zurück. Das Auto fährt jetzt wie von Geisterhand, ein Computer auf Rädern. Mit 130 bis 150 km/h Durchschnittsgeschwindigkeit fädelt sich der Wagen in den laufenden Verkehr ein. Auffahrunfälle gibt es nicht mehr: Radarsensoren bestimmen den Sicherheitsabstand, messen als künstliches Auge die Sicht zum vorausfahrenden Fahrzeug und regulieren dementsprechend die Geschwindigkeit. Eine hinter der Rückscheibe eingebaute Kamera zeigt vorne auf dem Monitor an, was hinten passiert. Noch einen schnellen Blick auf das Informationssystem, das alle Bauteile überwacht: Luftdruck o. k. – Reifenprofil o. k. – Kühlertemperatur o. k. – Vorsicht: Glatteis! Kein Grund zur Panik. Für die computergesteuerte Niveauausgleichsregelung des Allradantriebs und das automatische Scheibenbremssystem, bestückt mit ABS, das ein Blockieren der Räder verhindert, ist Schleudergefahr kein Thema.
Noch fünf Minuten bis zu den 12-Uhr-Fernsehnachrichten. Zeit genug, einen wichtigen Telefonanruf zum südafrikanischen Mercedes-Werk zu erledigen. Die schnellste und sicherste Verbindung führt über Satelliten, die in 36 000 Kilometern Höhe über der Erde geparkt sind. Von ihnen kommen auch die jeweils aktuellen Standortdaten. Kurz gewählt – schade, besetzt. Der Verkehr am Hockenheimer Kreuz läuft ruhig und flüssig. Es wird Zeit, den Fernseher einzuschalten.
Bis Frankfurt sind es noch eineinhalb Stunden. Eine gute Gelegenheit, während der Fahrt die dringenden Geschäfte mit der Bank zu erledigen. Ein Knopfdruck, und schon flimmert der letzte Kontostand über den Monitor. Schnell noch ein paar Überweisungen vornehmen und einen Blick auf die aktuellen Börsenkurse werfen. Die Börsentendenz des Tages: steigend – auf dem Börsenparkett kursieren Gerüchte über Daimler-Benz.

Noch eine Stunde Fahrzeit. Nervös schiebt der Automobilfahrer die Spielfilmkassette »Last Action Hero« in die Videoanlage. Radio, Kassettendeck, CD-Player und -Wechsler, Fernseher, Telefon und Navigationsgeräte, alles ist in einem einzigen Informations- und Kommunikationssystem verbunden. Die Kommandos spricht der Fahrer in ein kleines Mikrofon. Weiß er nicht, welche Funktion er wie aufrufen soll, fragt er einfach den Computer. Das System versteht die Umgangssprache: »Wo geht es lang, Baby?«

Gedanken über Geschwindigkeitsübertretungen und Verkehrsunfälle macht sich der Mercedes-Fahrer nicht mehr. Das waren die alten Zeiten, als noch jährlich im Straßenverkehr in der Bundesrepublik über 11 000 Menschen getötet und fast eine halbe Million Personen verletzt wurden. Statistisch gesehen – das interessiert ihn doch, deshalb rechnet er auf dem Bordcomputer nach –, kam damals, 1986, bei einer Bevölkerung von 58 Millionen in Westdeutschland in zehn Jahren rund jeder 13. Bürger einmal unter die Räder.

Der Mercedes-Fahrer erinnert sich: 1986, als das Auto sein hundertjähriges Jubiläum feierte, begann für den Stuttgarter Automulti Daimler-Benz eine neue Ära. Das Unternehmen, das 1926 durch die Verschmelzung der Aktiengesellschaft »Benz & Cie« (gegründet 1883 als Privatfirma durch Carl Benz) und der Daimler-Motoren-Gesellschaft (gegründet 1890 durch Gottlieb Daimler) entstand, orientierte sich um. Die Vision hieß der »integrierte Technologiekonzern«. Nur ein Unternehmen, das vom Auto über den Satelliten, vom Mikrochip bis zum Fertigungssystem alles selbst produziert, glaubten die schwäbischen Konzernlenker erkannt zu haben, ist in der Lage, die computergesteuerte, komfortable, supersichere und umweltschonende Limousine des 21. Jahrhunderts federführend zu entwickeln – und unabhängiger von den Konjunkturschwankungen in der Autoindustrie zu werden.

Die Technologien sollten sich ergänzen. Das Schlagwort hieß: Synergien. – Der Mercedes-Fahrer beginnt zu träumen.
Kurz vor der Deutschen Bank in Frankfurt ein Knall. Ein Crash holt ihn zurück in die Wirklichkeit.

»Mitleid bekommt man geschenkt,
Neid muß man sich hart erarbeiten.«
Edzard Reuter

Machtkämpfe und Intrigen

Am Montag, dem 13. Juli 1987, wird es bestätigt: Werner Breitschwerdt, Vorstandsvorsitzender der Daimler-Benz AG, tritt völlig überraschend von seinem Amt zurück. In einer knappen Mitteilung erklärt Breitschwerdt, daß er den Aufsichtsrat gebeten habe, ihn vorzeitig von seinen Aufgaben als Vorstandsvorsitzender zu entbinden. Eine Begründung für diesen Entschluß, der durch gezielte Indiskretion bereits am Sonntag bekanntgeworden war, gibt der Daimler-Chef nicht. Er sagt lediglich: Das sei eine »ausschließlich persönliche Entscheidung«, von der er hoffe, daß sie im Interesse des Unternehmens liege.
Es war der andauernde Wirbel um seine angebliche Führungsschwäche, der den erfolgreichen Automanager Werner Breitschwerdt letzten Endes nervlich aufgerieben hat. Der stets auf Harmonie bedachte Autokonstrukteur zog unter die ständigen Spekulationen, ob er noch bis zum Ablauf seiner Amtszeit im März 1989 auf dem Chefsessel des Weltkonzerns ausharren und sich möglicherweise sogar um einen neuen Vertrag bewerben solle, einen Schlußstrich. Auf den Führungsetagen in Untertürkheim ist zu hören: »Diese Offenheit zeichnet die starke, unangreifbare Persönlichkeit von Breitschwerdt aus.«

Gänzlich unvorbereitet trifft diese Entscheidung Herbert Lucy (er verstarb am 15. Januar 1994), den Vorsitzenden des Gesamtbetriebsrats und seit 1978 stellvertretender Aufsichtsratsvorsitzender. Er muß – wie fast alle Daimler-Mitarbeiter – Breitschwerdts Abdankung der Presse entnehmen. Obwohl Mitglied des obersten Kontrollgremiums, wird Herbert Lucy ausgetrickst.

Drahtzieher des Coups ist der »Chef im Hintergrund«, der Aufsichtsratsvorsitzende der Daimler-Benz AG und Sprecher der Deutschen Bank, Alfred Herrhausen. Schon Anfang März bei der Ernennung des Finanzchefs Edzard Reuter zum Daimler-Vize hatte er unmißverständlich erklärt: »Für die Ewigkeit muß die jetzige Konstruktion an der Spitze nicht sein.« Vier Monate später war für Alfred Herrhausen der Weg frei, eine Führung nach seinem Willen auf dem Posten zu installieren, den er 1979 selbst gern gehabt hätte. Herrhausen: »Immerhin ist Daimler-Benz das größte Investment der Deutschen Bank. Als Vorstandsvorsitzender dieses Konzerns hätte ich etwas gestalten können. Damit wäre das auch im Interesse der Deutschen Bank gewesen.«

Die Deutsch-Banker sahen das anders. Sie ließen Alfred Herrhausen nicht an die Spitze des Autokonzerns. Mehr noch: Sie votierten sogar gegen seinen Favoriten Reuter, dessen SPD-Parteibuch den damaligen Deutsche-Bank-Chef Wilfried Guth störte. Guth stand nicht alleine da. Auch einflußreiche Kreise der baden-württembergischen Wirtschaft, allen voran der damalige Bosch-Chef Hans Merkle, hatten Vorbehalte gegen Reuter. Acht Jahre mußte Alfred Herrhausen warten, dann war er mächtig genug, die Entscheidung seines Vorgängers zu revidieren.

Edzard Reuter, 59 Jahre alt, hat damit sein Ziel erreicht: Im dritten Anlauf wird er Chef des größten deutschen Konzerns. Es ist für ihn eine späte persönliche Genugtuung. Schon zweimal wurde er als Spitzenkandidat gehandelt. Ein für Reuter langer, frustrierender Weg: Nachdem eine erste Bewerbung bei der Daimler-Benz AG nicht angenommen worden war, arbeitete er zunächst bis 1962 als Prokurist bei der Universum Film AG (Ufa) in Berlin. Anschließend war er Mitglied der Geschäftsleitung der Bertelsmann Fernsehproduktion in München. 1964 holte ihn Hanns Martin Schleyer zur Daimler-Benz AG nach Stuttgart, bei der er 1973 zum stellvertretenden und im April 1976 zum ordentlichen Vorstandsmitglied aufrückte. Von Schleyer übernahm er im Vorstand das Schlüsselressort Planung und Organisation und galt schon bald sowohl als Anwärter für herausragende politische Positionen wie auch eine Zeitlang als aussichtsreicher Anwärter auf die Nachfolge von Joachim Zahn im Amt des Vorstandsvorsitzenden bei Daimler-Benz. Nach dem altersbedingten Ausscheiden von Zahn Ende 1979 kam dann jedoch Gerhard Prinz zum Zug, der im Vorstand die Unternehmensplanung übernahm, während Reuter neuer Finanzchef wurde. Als Gerhard Prinz am 29. Oktober 1983 unerwartet starb, war Reuter erneut als Vorstandsvorsitzender im Gespräch, doch machte diesmal Werner Breitschwerdt, zuvor Leiter des Vorstandsbereichs Forschung und Entwicklung, das Rennen.

Mit der Wahl von Edzard Reuter zum Vorstandsvorsitzenden der Daimler-Benz AG wird er der achte Spitzenmanager nach dem Zweiten Weltkrieg auf dem »Mercedes-Thron«. Sein Vize wird der als »Urtyp des schwäbischen Machers« geltende Werner Niefer, der seit Anfang 1987 die Sparte Pkw leitet. Zimperlich ist Werner Niefer, der sich gern »Mister Mercedes« nennen läßt, nie gewesen. »In jedem rechten Mann steckt ein Schuß Abenteuertum«, sagt er und erinnert sich an die Zeit, als Frankreichs Staatschef Charles de Gaulle verhindern wollte, daß Schnellboote mit Daimler-Motoren an Israel ausgeliefert wurden. In einer Nacht-und-Nebel-Aktion sorgt Niefer in Cherbourg dafür, daß die Boote trotzdem auslaufen.

»Als Werkzeugmacherlehrling« hat Niefer »beim Daimler«

angefangen. Dort hat er nach dem Ingenieurstudium Karriere gemacht: vom Betriebsingenieur im Großmotorenbau über die Leitung im Stammwerk Untertürkheim und MTU-Geschäftsführer bis zum Daimler-Benz-Vorstandsmitglied und schließlich Mercedes-Chef und zweiten Mann in der neuen Konzernholding. Der schwäbische Gastwirtssohn, der »dahoam net aufmucke durfte«, steht voll hinter Reuter: »Wären wir eine Automobilfabrik geblieben und hätten nicht in die Zukunft geschaut, dann hätten wir unsere Chancen nicht genügend ausgeschöpft.«

Werner Breitschwerdt übergibt Edzard Reuter ein finanziell kerngesundes Unternehmen, wenn auch mit einigen ungelösten Problemen. 1987 bietet es mit seinen Töchtern eine Produktpalette an, die sich nur in wenigen Teilen ergänzt. Sie reicht von Zahnbürsten, Satelliten, Wäschetrocknern, Nierensteinzertrümmerern, Lastwagen bis hin zu Luxuslimousinen. Reuter stört das nicht. Ihm bleibt zwar nicht viel mehr Zeit als eine Legislaturperiode, die Leistungen seiner Vorgänger zu übertreffen, aber schließlich hat er viele Jahre ehrgeizig darauf hingearbeitet, dem Unternehmen seinen Stempel aufzudrücken.

Werner Breitschwerdt, von 1977 bis 1983 im Vorstand verantwortlich für die Forschung und Entwicklung, gilt als »Vater« der Daimler-Kompaktwagen (der 190er Baureihe) und zum großen Teil auch der neuen Mittelklassemodelle. Die erfolgreiche Markteinführung des 190ers wiederum war ein Verdienst des Juristen *Gerhard Prinz*, der 1983 plötzlich verstarb. Prinz, der 1979 im Vorstand die Nachfolge von Joachim Zahn übernommen hatte, sorgte vor allem für die Erweiterung der Auslandsaktivitäten von Daimler-Benz.

Joachim Zahn wurde 1965 zum Sprecher des Vorstands bestellt und 1971 zum Vorstandsvorsitzenden berufen. Zu seinen Erfolgen zählt nicht zuletzt die Schaffung großer Fabrikeinheiten. Im Neckartal und in Sindelfingen wurde die Pkw-Produktion zusammengefaßt. Am spektakulärsten war in der Ära Zahn aber die Expansion im Nutzfahrzeugbereich, die Daimler-Benz zum größten europäischen Hersteller auf diesem Gebiet machte.

In der Riege der Vorstandschefs nur ein kurzes Zwischenspiel gab der österreichische Baurat *Walter Hitzinger*. Er amtierte von 1961 bis 1965.

Fritz Könnecke, der das Unternehmen bis zum Jahr 1961 leitete, fügte dem Image des Autoherstellers eine neue Komponente hinzu: die lange Lieferfrist. Mit der schnell wachsenden Nachfrage kamen die Produktionsmöglichkeiten der Stuttgarter kaum mit.

Heinrich Wagner (1952 bis 1953) war nur ein Interimsvorsitzender.

Aufgebaut nach dem Zweiten Weltkrieg hat das Unternehmen *Wilhelm Haspel*, der im Bereich der Personenwagen als auch im Nutzfahrzeugsektor das Programm stetig erweiterte und ergänzte. Haspel legt die Leitlinien für den Aufstieg von Daimler-Benz fest: »Das Unternehmen muß sich stetig unter dem Gesichtspunkt langfristiger Vorsorge und ohne den Ehrgeiz, Tageserfolge zu erzielen, Schritt für Schritt weiterentwickeln.«

Edzard Reuter dagegen, der achte Daimler-Chef, drückt aufs Tempo und bricht mit der Tradition des Hauses. Er ist 1987 fest entschlossen, als Schöpfer des »integrierten Technologiekonzerns« in die Firmengeschichte einzugehen. Seine Amtszeit wird an den selbstgesteckten hohen Zielen gemessen werden: Schafft er es, aus dem autoorientierten Unternehmen einen schlagkräftigen und für das Jahr 2000 wettbewerbsfähigen Hochtechnologiekonzern zu formen?

»Es bedarf des Mutes, unpopuläre Wahrheiten auszusprechen und nicht zu unterdrücken, übertriebene Hoffnungen zu dämpfen und nicht zu stimulieren, keine Versprechungen zu machen, die man hinterher nicht einhalten kann.«
Alfred Herrhausen

Die heiße High-Tech-Tour

Begonnen hat alles im Sommer 1984 mit einem von Edzard Reuter ausgearbeiteten Strategiepapier. Dann geht es Anfang 1985 Schlag auf Schlag: Im Februar beschließt der Daimler-Vorstand, die Motoren- und Turbinen-Union (MTU), ein 1970 mit dem MAN-Konzern gegründetes Gemeinschaftsunternehmen, ganz zu übernehmen. Der Preis: eine halbe Milliarde Mark. »Daimler wollte zum Systemanbieter bei Flugzeugtriebwerken aufsteigen«, erinnert sich Klaus Götte, MAN-Vorstandsvorsitzender. »Diesen Weg wollten wir nicht mitgehen, deshalb haben wir unseren Anteil abgegeben.«
Für Daimler-Benz ist die volle Übernahme von MTU der Start einer langen Irrfahrt. Noch im gleichen Jahr steigt der Konzern beim Flugzeugbauer Dornier ein. Edzard Reuter erscheint das angeschlagene Familienunternehmen als vielversprechende High-Tech-Fabrik. Obwohl viele Daimler-Manager überzeugt sind, »mit Flugzeugen lasse sich kein Geld verdienen«, setzt sich Edzard Reuter, damals noch Finanzchef, über alle Bedenken hinweg. Bereits der erste Schritt des Autokonzerns in die Luftfahrtindustrie verläuft alles andere als planmäßig. Die Stolpersteine liegen im sogenannten Kelch-Vertrag (genannt nach dem Notar), den die Testamentsvollstreckerin von Claudius Dornier, Martine Dornier-Tiefenthaler, 1988 in einem tagelangen Sitzungsmarathon mit Geschick

und Ausdauer aushandelt. Formulierungen wie Eigenständigkeit, Unabhängigkeit, Identität und Werthaltigkeit des Unternehmens werden Edzard Reuter noch zu schaffen machen. Bei Eingriffen in die Dornier-Struktur verlangt der Vertrag die Zustimmung der Familiengesellschafter. Das Fazit: Die cleveren Dornier-Erben kassieren über 700 Millionen Mark, eine zehnprozentige Garantiedividende und vertragliche Mitspracherechte. Als Gegenleistung bekommt Daimler-Benz ein Unternehmen, das allein nicht überleben kann.
Die vielbeschworenen Synergien für den Autobereich sind nichts weiter als Augenwischerei. In Wahrheit haben die Daimler-Strategen erkannt: Um wirklich außerhalb des Autogeschäfts in der ersten Liga mitspielen zu können, sind MTU und Dornier, für sich allein genommen, Fehlkäufe. »In der Hektik der Übernahmeschlacht«, erinnert sich Reuter-Biograph Hans Otto Eglau, »hatte Reuter die schwerwiegenden Konsequenzen seines Schachzugs noch gar nicht durchdacht oder schlichtweg ignoriert.« Im Februar 1986 übernimmt Daimler-Benz auch noch für 1,5 Milliarden Mark die Mehrheit der maroden AEG.
Aber Edzard Reuter und sein Bundesgenosse Werner Niefer haben noch lange nicht genug. Je mehr das Duo den Konzern vom Autogeschäft entfernt, desto überforderter, so ihr Kalkül, wirkt der Automann Breitschwerdt. Die beiden behalten recht: 1987 stürzt Breitschwerdt.
1989 holt das Tandem zu seinem größten Schlag aus: Es übernimmt den Raketen-, Flugzeug- und Rüstungskonzern MBB. Nur zu gerne will der bayrische Staat den schwerfälligen, an staatliche Alimentierung gewöhnten Konzern loswerden. Da aber für die Dornier-Flugzeuge eine wirtschaftlich vernünftige Basis fehlt, muß Edzard Reuter die großen Bedenken seines Aufsichtsratsvorsitzenden Alfred Herrhausen gegen MBB überzeugend widerlegen. Nach zähen Verhandlungen, bei denen vor allem die Höhe der zugesagten Rüstungs-

aufträge eine Rolle spielt, geht der Deal im Dezember über die Bühne. Kosten für Daimler: 1,9 Milliarden Mark.
Die international angesehene Wirtschaftszeitung »Financial Times« nimmt die Ehe Daimler–MBB unter die Lupe und kommt zu dem Schluß, daß »die mächtigste Rüstungsgruppe seit dem Dritten Reich« entsteht. In Zahlen ausgedrückt, ist Daimler-Benz 1990 bei einem Umsatz von 75 Milliarden Mark mehr als zweimal so groß wie der größte US-Raumfahrtkonzern United Technologies. Für die europäische Rüstungsindustrie eröffnet die Verbindung Daimler–MBB ein neues Kapitel. Das Internationale Institut für Strategische Studien in London (IISS) sieht dagegen in der Fusion Daimler–MBB enorme Probleme: »Die verschiedenen Funktionen eines solchen Rüstungskonglomerats sind unvereinbar und daher nicht mehr zu managen.« Das IISS behält recht. (Außerdem hatte es der große Visionär Edzard Reuter nie für möglich gehalten, daß sich die politischen Verhältnisse in Europa einmal grundlegend ändern könnten. MTU und MBB, vor allem als Hersteller von Rüstungsgütern erfolgreich, kämpften im neuen Zeitalter der Abrüstung plötzlich mit gravierenden Auftragsproblemen.)
Im Oktober 1988 wird eine Neuordnung des Konzerns in Angriff genommen, die Anfang 1989 bereits feste Konturen annimmt und im April 1989 vom Aufsichtsrat gebilligt wird. Die neue Konzernstruktur ordnet die Geschäftsbereiche zunächst in drei operative Gesellschaften: Die Fahrzeugaktivitäten werden in der Mercedes-Benz AG konzentriert, die Luft-, Raumfahrt- und Rüstungstechnik bei der Deutschen Aerospace AG (DASA), die Elektro-, Büro- und Kommunikationstechnik sowie die Verkehrstechnik bei der AEG AG. Dazu kommt später als vierter selbständiger Konzernbereich die Daimler-Benz Interservices debis, in der die Dienstleistungsbereiche des Konzerns gebündelt werden. Die einstige Daimler-Benz AG übernimmt die Funktionen einer geschäftsführenden Holding,

die als übergeordnete Steuerzentrale die einzelnen Konzernglieder zu einem »integrierten Technologiekonzern« zusammenfügen soll.
1993 findet die letzte große Übernahme statt. Für 800 Millionen Mark kauft der Daimler-Bereich Aerospace 51 Prozent des niederländischen Flugzeugbauers Fokker. Dabei hätte ein Blick in die US-Autostadt Detroit Daimler-Benz-Chef Edzard Reuter warnen müssen: Hochzeiten zwischen Automobil- und Flugzeugfirmen enden sehr schnell mit der Scheidung – oder werden extrem teuer.
Von den drei großen US-Autokonzernen suchte jeder schon einmal vergeblich seine Zukunft in der Luft- und Raumfahrt. Ford und Chrysler stießen den größten Teil ihrer Luft- und Raumfahrtaktivitäten wieder ab – teils mit Verlust. Auch für den Branchenführer General Motors (GM) sind die erhofften Synergieeffekte mit der 1985 erworbenen Hughes Aircraft Company so dürftig, daß Branchenanalysten darüber spekulieren, ob GM »denselben Weg geht wie Ford und Chrysler«. Im Falle von General Motors und Chrysler scheiterte die Diversifikation daran, daß die Automanager zuwenig von den komplexen Industrien verstanden, in die sie sich einkauften. Nur Ford konnte auf ein gewisses Maß an Erfahrung in der Luft- und Raumfahrtindustrie zurückblicken. Der US-Branchenzweite produzierte schon Ende der zwanziger Jahre erfolgreich Flugzeugtypen wie den legendären Ford-Trimotor. Aber seit Jahrzehnten baute Ford keine Flugzeuge mehr und verlagerte die Aktivitäten der Tochter zunehmend auf die Raumfahrt. 1990 beschloß das Management schließlich, die Ressourcen wieder auf das Kerngeschäft Auto zu konzentrieren. Ford verkaufte die Aerospace an den Elektronikkonzern Loral.
Anders als Ford stiegen General Motors und Chrysler erst während der Übernahmewelle in den achtziger Jahren in die Luft- und Raumfahrtindustrie ein – wie Daimler-Benz. 1985

kaufte Chrysler für 641 Millionen Dollar die auf Business-Jets spezialisierte Gulfstream Aerospace Corp.; wenig später kam für weitere 375 Millionen Dollar die Rüstungselektronikfirma Elektrospace Systems hinzu. Doch bereits vier Jahre später stieß Chrysler die Flugzeugfirma zum Einkaufspreis wieder ab. Für Chrysler-Analysten gab es für den Konzern »nicht einen einzigen vernünftigen Grund«, ins Luftfahrt- und Verteidigungsgeschäft einzusteigen. Das wahre Motiv witterte ein Branchenanalyst daher im »geradezu schon pathologischen Geltungsbedürfnis« von Chrysler-Chairman Lee Iacocca. Geht es Edzard Reuter womöglich ähnlich?
Auch der Erwerb des kalifornischen Elektronik- und Raumfahrtunternehmens Hughes Aircraft, den sich General Motors 5,2 Milliarden Dollar kosten ließ, war eine persönliche Fehlentscheidung des damaligen GM-Chairmans Roger B. Smith. Er glaubte nämlich wie der Finanzfachmann Edzard Reuter, daß sich aus der Fusion für den Autokonzern Synergien ergeben würden.
Doch damit lag der GM-Mann daneben. »Smith bildete sich ein, er würde eine ganz heiße High-Tech-Kiste kaufen«, spotteten Analysten, »aber in Kalifornien hatte sich zu jenem Zeitpunkt längst herumgesprochen, daß Hughes Aircraft ein ziemlich verschlafener Laden war.« Das technologische Knowhow hätte General Motors zu einem Bruchteil des Preises bekommen können, wenn Smith »hundert tüchtige Ingenieure eingestellt hätte«, schätzt ein Branchenbeobachter. Und der frühere Hughes-Chairman Albert D. Wheelon meint sogar, die Kombination von Autos und Flugzeugen sei ein »denkbar schlechtes Rezept« für Unternehmensgewinne.
Aber Edzard Reuter kümmern amerikanische Beispiele nicht. Er läßt sich nicht von seinem Kurs abbringen. Kaum hat er im März 1992 einen neuen Vertrag bis Ende 1995 in der Tasche, verkündet er: »Die Durststrecke ist eindeutig zu Ende.« Dabei steht der Konzern in Wahrheit vor einer der schwersten Krisen

seiner Geschichte. Deutschlands größtes und feinstes Unternehmen ist binnen weniger Jahre zum Sanierungsfall geworden. Bei seinen Expansionsgelüsten hat Edzard Reuter das Autogeschäft aus den Augen verloren. Der operative Gewinn pro Fahrzeug fällt von 1985 bis 1992 um rund die Hälfte. BMW und die Japaner mit ihren Luxusmodellen Lexus und Infinniti bringen Mercedes in Bedrängnis.

Nur wenige Wochen später zieht der Daimler-Chef die Notbremse. Unter Druck versucht der große Vorsitzende, angetreten, die Autoschmiede zum weltumspannenden Technologiekonzern zu formen, von seinen hochfliegenden Plänen zu retten, was zu retten ist. »Die geänderte Konzernstrategie der Daimler-Benz AG«, so ein internes Papier, »sieht die radikale Sanierung der Konzernbereiche vor.« Gerade drei Jahre nach dem Umbau von Daimler-Benz zur Holding verordnet Edzard Reuter dem verkrusteten Konzern »produktive Unruhe«. »Die Nervosität unter den Führungskräften«, so ein Abteilungsleiter aus dem Werk Sindelfingen, »ist täglich spürbar.«

Am 5. Mai 1992 wird den ins Werk Sindelfingen angereisten Direktoren der Plan von einer »Weiterentwicklung der Führungsorganisation« vorgelegt. Hinter dem Titel der Tagungsvorlage verbirgt sich eine Brisanz, die die anwesenden Topmanager erst nach Stunden ganz erfassen. Innerhalb weniger Wochen, so die knappe Vorgabe, müssen die Direktoren dem Vorstand für ihre jeweiligen Bereiche eine komplett neue Aufgabenverteilung präsentieren. Die entscheidende Auflage: Von den derzeit sieben Führungsebenen sind zwei ersatzlos zu streichen.

Die über Jahrzehnte fein gesponnene Machtstruktur bei Mercedes mit klangvollen Titeln, schweren Dienstwagen und zahlreichen Dreingaben, wie etwa Benzingeld für die Urlaubsfahrt, wird zerschlagen. Bis Jahresende will der Konzernchef das gesamte Titel-, Gehalts- und Statussystem »durchchecken«, ein Vorstandskollege nennt es »heilige Kühe schlachten«. Vom

Direktor bis zum Abteilungsleiter stehen Tausende von Führungskräften bei Mercedes auf dem Prüfstand. Nach Lean Production, der Technik einer schlanken und kostengünstigen Fertigung, heißt die Zielvorgabe jetzt Lean Management. Das bringt zwar langfristig eine entschlackte Hierarchie, kurzfristig aber erst mal jede Menge Frustration und enorme Widerstände, denn Denken und Handeln werden noch immer ganz entscheidend von den beiden hierarchischen Polen »unten« und »oben« geprägt. Begriffe aus der Welt von Zucht und Ordnung wie etwa »Gehorsamkeitsrate der Mitarbeiter« gehen einem Mercedes-Vorstand noch flüssig über die Lippen.

»Viele unserer internen Arbeitsabläufe«, verteidigt Edzard Reuter auf einer Führungskräftetagung den Umbau in der Chefetage, »sind hoffnungslos verbürokratisiert.« Der Organisationsberater des Mercedes-Vorstands, Horst Wildemann, hat für den Amtsschimmel in Großkonzernen einen mathematischen Funktionsverlauf »Z = G hoch H« errechnet: Je mehr Führungsebenen, desto geringer ist die Wahrscheinlichkeit der betrieblichen Zielerfüllung. Schon ab der mittleren Führungsebene gebe es keine Wertschöpfung mehr, kritisiert der Münchner Betriebswirtschaftsprofessor, sondern nur noch Koordination. Horst Wildemann: »Die Blindleistung ist enorm.«

Das Mittelmanagement bei Mercedes trifft es als erstes. Zehn Jahre unter Reuter als Unternehmenslenker waren harte und teure Lehrjahre. 1985 hat der Umbau des Konzerns begonnen, zehn Jahre später ist er immer noch nicht beendet.

Selbst Wirtschaftshistoriker können sich nicht daran erinnern, daß ein Mann in vergleichbarer Hektik für zig Milliarden Mark Firmen kaufte, um sie später mit Milliardenaufwand in ein – angebliches – Gesamtkonzept einzubinden.

Aber der Visionär schafft es immer wieder, sich groß in Szene zu setzen.

»All das Unheil hat der böse Geist Journalismus angerichtet. Alle Welt klagt über ihn, und jedermann möchte ihn für sich benutzen.«
Gustav Freytag
in »Die Journalisten«, 1854

Der Abgang

Edzard Reuter hat zwei große Vorbilder: Henry Ford und John D. Rockefeller, Pioniere der Industriegesellschaft. Beide erkannten auch frühzeitig, wie notwendig professionelle Öffentlichkeitsarbeit ist. »Wenn sie einen Dollar in ihr Unternehmen stecken wollen, so müssen sie einen zweiten bereithalten, um das bekanntzumachen«, sagte der Erfinder der Autoproduktion auf dem Fließband, Henry Ford. Und der Milliardär Rockefeller, der ein Imperium aus Kohle, Eisen und Öl zusammenschmiedete, engagierte 1905 erstmals in größerer Zahl ehemalige Journalisten als hauptberufliche »Öffentlichkeitsarbeiter«, um sich vor dem kritischen Blick der Medien zu schützen.
Wie wichtig gute Öffentlichkeitsarbeit ist, merkt auch Edzard Reuter, als er 1988/89 im Einvernehmen mit der Bundesregierung – und einigen Länderregierungen – den Luftfahrt-, Raumfahrt- und Rüstungskonzern Messerschmitt-Bölkow-Blohm dem Daimler-Konzern einverleiben will. Unter einem »guten Stern« (Daimler-Werbung) steht dieses Vorhaben nicht; eher erinnert die Debatte über »Gigantismus« und »das große Fressen« an ein Desaster – was im Französischen sinnigerweise »schlechter Stern« bedeutet.
Da schafft es selbst Matthias Kleinert nicht, das Image des ramponierten Sterns zu polieren. Dabei kann der gebürtige Berliner, den Edzard Reuter als Chef der Konzernöffentlichkeitsarbeit zum Jahreswechsel 1987/88 engagiert, auf die besten politischen Kontakte in Stuttgart und Bonn zurückgrei-

fen. Der Diplom-Politologe und gelernte Rundfunkjournalist arbeitete jahrzehntelang eng mit dem damaligen baden-württembergischen Ministerpräsidenten Lothar Späth zusammen: »Ein Männerduo von seltener Herzlichkeit und politischer Schlagkraft.« Doch im Sommer 1987 kommt es zum Bruch. Die Späth-Biographen Werner Filmer und Heribert Schwan ziehen Bilanz zur Rolle des ehemaligen Staatssekretärs: »Alles, was Späth erreicht hat und politisch verkörpert, schuf er letztendlich durch eigene Kraft. Er hätte es im großen und ganzen auch ohne seinen Tandemgefährten erreicht.«

Edzard Reuter kümmern derlei Einschätzungen wenig. Er braucht dringend jemanden, dem er persönlich vertrauen kann und der sein Image nach außen hin pflegt. Die Verbindung zwischen Reuter und Kleinert stellt der zweite Mann im Unternehmen, Werner Niefer, her. Beim Umbau des Konzerns sei Edzard Reuter das »Hirn«, er die »Hand« gewesen, sagt Niefer kurz vor seinem Tod am 12. September 1993. Ihr Sprachrohr ist »Matt« Kleinert. Sein weltweiter Imageetat beträgt rund 40 Millionen Mark.

Geschickt legt Matthias Kleinert immer wieder – oft auch falsche – Fährten. Mit ausgewählten, ihm genehmen Journalisten verkehrt er am liebsten im kleinen Kreis. Das hat er schon in der Staatskanzlei so gehalten, und so macht er es auch im Daimler-Hauptquartier. Nicht am Profil des Unternehmens schleift er, sondern in erster Linie an der Person des Vorstandsvorsitzenden. So bringt Kleinert seinen Chef im Sommer 1994 als zukünftigen Regierenden Bürgermeister von Berlin ins politische Spiel. Edzard Reuter will zwar viel lieber zum Ende seiner Amtszeit im Mai 1995 Aufsichtsratsvorsitzender von Daimler-Benz werden, doch er meint, mit etwas Druck von außen ginge dieser Wunsch leichter in Erfüllung. Zudem wirkt das Anliegen überzeugend.

Immerhin ist sein Vater, Ernst Reuter, nach dem Zweiten Weltkrieg als Bürgermeister von Berlin zur Legende geworden.

Ein Vorbild für Edzard Reuter? »Daß da nun die berühmte Feder in mir steckt, die mich dazu zwingt, jeden Morgen aufzustehen und mich vor meinem Vater zu beweisen, das habe ich noch nie gehabt, wie ich umgekehrt auch noch nie die Versuchung gespürt habe, weil ich einen so bedeutenden Vater gehabt habe, zu resignieren. Das alles rechne ich aber nicht mir zu, sondern das ist meine Erziehung, und die wiederum ist allerdings das Werk meiner Eltern gewesen.« Auch hat Edzard Reuter nie versucht, den Makel der SPD-Mitgliedschaft, der ihn in seiner Karriere zeitweise behinderte, zu tilgen.
Doch mit seinen ungenierten Bewerbungen um Politjobs, mal als Bürgermeister von Berlin, dann wiederum als Außen-, Wirtschafts- und/oder Finanzminister einer großen Koalition, beginnt Edzard Reuter sich auf peinliche Art und Weise zu demontieren. Die Kärnerarbeit, sprich Arbeit an der Parteibasis, will der intellektuelle Manager nicht machen. Edzard Reuter gnädig: »Ich bin ansprechbar, wenn eine Regierung gebildet wird.« Ob die Parteien allerdings den Mut haben, einen in keine Parteidisziplin einzubindenden Unternehmer in die Regierung zu holen, daran zweifelt selbst er: »So etwas gab es bislang noch nicht, aber vielleicht passiert es ja mal.«
Berlin und Bonn sind nicht Stuttgart. Einige Aufsichtsräte haben ihre ernsten Probleme mit dem arroganten Wirtschaftsführer. Die Gründe sind ganz offensichtlich: Einerseits ist die Vereinigung von Dornier, AEG und MBB unter dem Daimler-Stern längst noch nicht bewältigt – trotz allem Optimismus, den Reuter über seinen Konzernpropagandisten Matthias Kleinert verbreiten läßt. Andererseits hat Reuter seinen Aufsichtsräten immer wieder Planzahlen vorgelegt, die er nicht eingehalten hat. Und dann noch sein politischer Showlauf!
In der Chefetage des Daimler-Benz-Konzerns geht während der letzten Amtsmonate von Edzard Reuter das Mißtrauen um. Es herrscht während der Vorstandssitzungen eisige Kälte. Der Vorstandsvorsitzende will nicht einsehen, daß seine Uhr

abgelaufen ist. Er will jede Minute seiner Macht bis zum Ende nutzen und seine Vorstellungen – kosten sie, was sie wollen – durchdrücken. Wenn es nach ihm ginge, würde er eine stolze Bilanz vorlegen. Doch seine Vorstandskollegen lassen sich nicht länger deckeln. Der Daimler-Chef, der zunehmend unberechenbarer wird, schlägt noch einmal zurück und versucht seine Kritiker im Vorstand mundtot zu machen.
Wenn es der Sache dienlich ist, verläßt er sich auf den Rat von »Matt« und spielt auch schon mal selbst Pressesprecher. »Edzard Reuter ist nicht einer, dem Dinge einfach passieren. Der Chef des größten deutschen Industriekonzerns weiß sehr genau, was läuft und in welcher Richtung was laufen soll – auch wenn es in der Presse zuweilen anders steht«, beobachtet die »Süddeutsche Zeitung«.
Seine vornehme Zurückhaltung läßt Edzard Reuter immer dann fallen, wenn es um das eigene Image geht. Dann sind unsaubere Tricks an der Tagesordnung, und schmutzige Details werden gestreut, nur um von eigenen Fehlern abzulenken. So auch im Fall von Daimler-Benz-Finanzvorstand Gerhard Liener. Über ihn schreibt der »Spiegel« (35/1994): »Pech hat er nicht. Es ist wohl eher Unvermögen, das den Finanzvorstand dazu bringt, immer wieder mit neuen Peinlichkeiten auf sich aufmerksam zu machen.« Da wird geschickt der Vorwurf lanciert, Liener, der für eine Bilanz von knapp 100 Milliarden Mark verantwortlich zeichnet, habe sich bei der Finanzierung des Rennsportengagements von Mercedes-Benz mit dubiosen Geschäftemachern eingelassen.
Fakt ist: Verantwortlich für den Rennsport ist zuerst einmal Mercedes-PKW-Vorstand Jürgen Hubbert. Aber die Demontage geht noch unverfrorener weiter. Liener war bereits unangenehm aufgefallen, als er sich von den Dornier-Erben über den Tisch ziehen ließ. Der Finanzmanager unterschrieb einen Vertrag, der den Minderheitseigentümern bei der Flugzeugfirma viel Geld und Einfluß garantierte und Daimler nichts als

Ärger einbrachte. In Vorstandssitzungen konnte der einstige Lastwagenexperte mangelndes Finanzwissen kaum verbergen. Wenn er mal wieder Wichtiges vergaß, wies Reuter ihn vorsichtig zurecht: »Vielleicht sollten Sie noch erläutern . . .«
Fakt ist: Jurist Reuter hat die Verhandlungen mit den Dornier-Erben in nächtelangen Sitzungen persönlich geleitet. Aber Reuter kann es nicht verwinden, daß ihm sein Finanzchef immer wieder Steine in den Weg gelegt hat – und das zu Recht.
Edzard Reuter stört Gerhard Lieners unabhängiges Agieren. 1993 läßt der Finanzvorstand den Daimler-Rechenschaftsbericht ganz neu konzipieren. Erstmals schmücken Kinder aus allen Kontinenten den Jahresabschluß. Sie halten jeweils Produkte der einzelnen Konzernbereiche in der Hand: ein Miniaturflugzeug, ein Spielzeugauto, einen Laptop und einen Minilaster. Darunter steht ganz einfach: »Positioning for the future«. Farbige Kinder – und ein englischer Slogan auf einem deutschen Geschäftsbericht. Das kam einer Kulturrevolution in Möhringen gleich: »Früher stellten wir unsere Produkte in den Vordergrund. Jetzt wollen wir zeigen, daß wir herstellen können, was künftigen Verbrauchern gefällt«, erklärt Liener die Neuausrichtung.
Der Hintergrund für das neue Kleid ist Daimlers Gang an die New Yorker Börse. Seitdem muß der Rechenschaftsbericht sowohl die Bedürfnisse der deutschen als auch der internationalen Anleger unter einen Hut kriegen. Für die Aktionäre bedeutet das mehr Offenheit – für Reuter heißt das, die Schwachpunkte an seiner Strategie werden deutlich offengelegt.
Gerhard Liener, der aus Erfahrung gern die »Professionalität der Aufsichtsräte« bei deutschen Unternehmen kritisiert, nimmt die Verpflichtung zur Offenheit ernst. Er macht sich für die Einführung von Mindeststandards bei der Berichtspflicht von Unternehmen gegenüber ihren Aufsichtsräten stark. Sei-

ner Meinung nach sollten Aufsichtsräte auch häufiger als bisher zusammentreffen und kontinuierlicher über den Kurs des betreffenden Unternehmens informiert werden. Und sie sollten einen direkten Zugang zu den Wirtschaftsprüfern – ohne Umweg über den Vorstand – erhalten.

Mit solchen Vorstellungen eckt Gerhard Liener aber bei Edzard Reuter an. Über sein Verhältnis zu Edzard Reuter meint er: »Nicht einfach. Aber das liegt in der Natur der Sache. Gerade in schwierigen Zeiten, wie wir sie seit 1992 haben, kann es zwischen dem visionären Vorsitzenden und dem eher im Bremserhäuschen sitzenden Finanzvorstand zu allerhand Konfliktstoff kommen. Bequeme Finanzchefs sind in aller Regel nicht die erfolgreichsten.«

Immerhin schafft es Edzard Reuter, daß Gerhard Liener seinen Posten vor Ablauf des Vertrages freimachen muß, aber er bleibt dem Unternehmen als Berater treu verbunden. Edzard Reuter allerdings trifft es härter: Ihm verweigert der Aufsichtsrat den erwarteten Respekt.

Schon einmal in seinem Leben mußte der stolze Edzard Reuter erfahren, daß er sich nicht auf jede Zusage verlassen kann. Reinhard Mohn, Urenkel des Verlagsgründers Carl Bertelsmann, hatte ihn einst in die Geschäftsführung einer Münchner TV-Tochter geholt. Doch entgegen allen Absprachen setzte ihm Mohn plötzlich einen Geschäftsführer vor die Nase. Reuter schrieb verbittert an Mohn: »Ich bin, das wissen Sie, noch nie in meinem Leben mit größeren inneren Erwartungen und einer größeren Bereitschaft, mein Bestes zu geben, an eine Aufgabe herangegangen als an die Mitarbeit in Ihrem Hause. Um so tiefer mußte dann wohl die Enttäuschung sein, daß Sie mir nie Gelegenheit zu wirklicher verantwortlicher Arbeit gegeben haben.« Der Bruch mit Mohn endet vor dem Münchner Arbeitsgericht.

Der Bruch mit Daimler-Benz endet im Streit mit seinem Aufsichtsratsvorsitzenden. Aber wenn Edzard Reuter schon

nicht Aufsichtsratsvorsitzender von Deutschlands größtem Konzern wird, so schafft er es wenigstens in Toulouse. Bei Airbus Industrie, an der Daimler-Benz über die Division Aerospace mit 37,9 Prozent (die anderen 37,9 Prozent hält die Aérospatiale Frankreich, British Aerospace 20 Prozent und die spanische Casa 4,2 Prozent) beteiligt ist, kommt Reuter seinem alten Traum vom Fliegen wieder näher.
Für sein Sprachrohr »Matt« hat er finanziell vorgesorgt: Ihm gibt er einige Monate vor seinem Abgang noch einen neuen Fünfjahresvertrag.
Als Pionier der Industriegesellschaft wie Henry Ford oder John D. Rockefeller wird Edzard Reuter nicht in die Geschichtsbücher eingehen – im Gegensatz zu seinem Vater, der als Regierender Bürgermeister von Berlin zur Zeit der Luftbrücke zum Symbol des Berliner Durchhaltewillens (»Völker der Welt, schaut auf diese Stadt«) wurde. Aber als ein Visionär, dem es vergönnt war, das Geld seiner Aktionäre mit vollen Händen auszugeben, wird er sicherlich einen Platz als Fallbeispiel in der Betriebswirtschaft finden. Die »Frankfurter Allgemeine Zeitung« urteilt: »Reuter hat sich selbst um einen würdigen Abgang gebracht.«
Für die Eminenzen im Hintergrund gibt es keinen Zweifel, warum Edzard Reuter nicht Aufsichtsratsvorsitzender werden darf.

»Visionär: Geisterheiler, Schwärmer.«
»Duden«

Der Visionär und seine Todsünden

Edzard Reuter hat sich Großes vorgenommen. Immer wieder hat er provozierend deutlich gemacht: »Man kann ein Unternehmen nicht christlich oder sozialdemokratisch, sondern nur gut oder schlecht führen.« Das Ergebnis spricht für sich: Der Umbau des Konzerns geht nicht so schnell vonstatten, wie Edzard Reuter es sich erträumt hat. Trotzdem beharrt er stur auf seinem Weg: »Ich habe mein Ziel erreicht. Daimler-Benz ist heute ein integrierter Technologiekonzern. Mit der Struktur, die wir in den letzten Jahren geschaffen haben, sind wir für die Zukunft gewappnet. Wir könnten es gar nicht anders machen, wenn wir es noch einmal machen müßten.«

Der Visionär verschweigt dabei allerdings: Flugzeugbau, Telekommunikation oder Mikroelektronik bringen in absehbarer Zeit noch keinen Ertrag, wie interne Analysen belegen. Es braucht im zivilen Flugzeugbau rund fünfzehn Jahre, bis nach Begleichung aller Vorleistungen erstmals wirklich Gewinne fließen. Aber milliardenschwere Vorleistungen sind nicht nur für den Flugzeugbau, sondern im gesamten Konzern erforderlich. Die vielen neuen Leasing- und Mietangebote etwa, die Daimler-Benz zur Ankurbelung des Fahrzeug- oder Flugzeuggeschäfts weltweit anbietet, verlangen gewaltige Summen, genauso wie das vorfinanzierte Anlagengeschäft der AEG oder die Software-Entwicklung bei debis. Dabei werden die Liquidität verzehrenden Vorleistungen noch immer größtenteils aus dem Cash-flow der Daimler-Tochter Mercedes erbracht. Gerät die Autosparte mal ernsthaft in Schwierigkeiten, wackelt nach wie vor der ganze Konzern.

»Das einzige, was AEG und Mercedes verbindet«, klagt ein Planer aus der Holding, »ist der gemeinsame Eigentümer.« Die Manager im Stammgeschäft des Konzerns, beim Automobilbauer Mercedes-Benz, die die hochfliegenden Diversifikationspläne ihres Konzernherrn Edzard Reuter stets argwöhnisch begleitet haben, fühlen sich bestätigt: Die Milliarden, die in die anderen Sparten geflossen sind, wären besser bei ihnen angelegt worden.

Selbstzweifel plagen den ersten Mann im größten deutschen Konzern höchstens zu später Stunde – wenn überhaupt. In einer Hotelbar im fernen China gibt Edzard Reuter einige Monate vor seinem Abstieg vom Möhringer Thron erstmals zu: »Wir haben allerdings noch eine Menge Hausarbeiten in einzelnen Geschäftsfeldern und in bezug auf die internen Strukturen der debis zu machen. Natürlich bereue ich manche Entscheidung im nachhinein. Bei der AEG habe ich zweifellos Fehler gemacht. An dem Bürotechnikbereich AEG Olympia habe ich viel zu lange festgehalten und sogar noch in ihn investiert, weil ich der Meinung war, dies ist ein Zukunftsgebiet. Auch die Medizintechnik der Dasa ist ein solches Beispiel für Irrtümer.« Aber wieder vergißt er nicht zu betonen, die Grundstruktur des Konzerns sei in Ordnung, und »wir haben die Dinge im Griff – übrigens mit einem hervorragenden Managementteam, wie es kaum ein besseres in der ganzen Welt gibt«.

Seine Hauptfehler will der große Visionär nicht einsehen. Doch selbst die vornehme »Zeit« urteilt: »Für das Daimler-Drama haben beileibe nicht nur Pech und die große Weltpolitik gesorgt.« Reuters Fehler:

- Er setzte mit seinem Einstieg bei Dornier und MBB auf ein Wachstum des Rüstungsgeschäfts, obwohl bereits Mitte der achtziger Jahre absehbar war, daß die Zeit der Aufrüstung angesichts der heraufziehenden ökologischen Katastrophe ausläuft.

- Er baute sich eine gewaltige, teure und bürokratische Holding auf, obwohl sich der Trend zu »Lean Management« und dezentraler Führung weltweit durchsetzte.

- Er versäumte, die Autobauer seines Konzerns zur Konstruktion zeitgerechter Fahrzeuge anzuhalten, obwohl die Dimension der Umwelt- und Ressourcenprobleme unübersehbar war.

Nach dem Fall der Mauer 1989/90 hätte Edzard Reuter das Steuer rechtzeitig herumreißen können, aber er blieb uneinsichtig und beharrte auf seinem Kurs. Dabei hat er es nicht einmal verstanden, seine Vision verständlich zu kommunizieren. Der Sinn seines Aktionismus bleibt der Mehrzahl der Mitarbeiter verschlossen, auch wenn sich häufig das Kästchen ändert, in dem sie sich im Organigramm wiederfinden. Interne Analysen belegen: Einerseits klagt das »mittlere Management über zuwenig Kommunikation über Führungsinhalte und ihren Sinn«, andererseits aber setzt das Topmanagement einen großen Teil seiner Arbeit für Kommunikationsaufgaben ein. Wenn aber schon das Management nicht weiß, wo es langgeht, was sollen dann erst die Hunderttausende von Mitarbeitern denken? Mit einer Kollektion bunter Hauszeitungen allein ist es nicht getan. Für die Mitarbeiter schwebt der Visionär Edzard Reuter hoch über den Wolken.
Die beiden Professoren Peter Gomez und Günter Müller-Stevens von der Hochschule St. Gallen kommen in einer Untersuchung zum Thema »Corporate Transformation: Zum Management fundamentalen Wandels großer Unternehmen« bei Daimler-Benz zu einem eindeutigen Ergebnis: »Die inhaltliche Botschaft der Vision ist, der Konzern müsse sich vom Automobilproduzenten zu einem integrierten Technologiekonzern entwickeln. Dies kann als Aufforderung interpretiert werden, künftig die ›integrierte‹ Nutzung verschiedenster im Konzern vorhandener ›Technologien‹ bei der Produkt- und (Dienst-)Leistungserstellung als ›Kernkompetenz‹ auszubauen, wobei die Vision selbst keine Orientierung mehr beinhaltet, welche Produkte und Dienstleistungen als zum ›Programm‹ des Konzerns gehörig definiert werden können.
Notabene: Die Vision nimmt ja keinerlei Bezug mehr auf das Automobil als Nukleus des unternehmerischen Auftrags. Bewußt wird auch darauf verzichtet, etwa ›Verkehr‹ beziehungsweise ›Mobilität fördernde Produkte und Dienstleistungen‹ als

Problemfeld zu sehen, dem sich ein vormals ausschließlich auf ›Fahrzeuge‹ konzentriertes Unternehmen nun als ›logisch‹ nächste Stufe zuwenden könnte (obwohl dies angesichts des gegenwärtigen Produktprogramms durchaus plausibel wäre).«
Die Visionvariante von Edzard Reuter finden die Professoren gleich in mehrfacher Hinsicht merkwürdig. In ihr werde in gewissem Sinne eine Problemlösungsmethode als Orientierung verankert, wobei es aber unterlassen wird, inhaltlich die Selektion von Problemarten vorauszubestimmen. Reuter hat seine Vision in keiner Weise aus der Tradition der einzelnen davon betroffenen Unternehmensteile heraus entwickelt, sondern diese in gleichsam »revolutionärer Manier« übergestülpt.
Das Ergebnis: Es gibt wohl keinen Unternehmensbereich, bei dem mehr als nur einige wenige Prozent des Umsatzes unter den Grundsatz der Vision fallen. Die von Edzard Reuter vielbeschworenen Synergieeffekte – Mediziner verstehen darunter das sinnvolle Zusammenwirken mehrerer Organe – sind verschwindend gering.
Und selbst da ist es noch fraglich, ob diese Technologien nicht billiger auf dem freien Markt hätten eingekauft werden können.
Analysen in allen vier Geschäftsbereichen des Daimler-Benz-Konzerns belegen, daß Edzard Reuter bei seiner Diversifizierungspolitik – nach Einschätzung von Unternehmensberatern – fast alle Managementfehler gemacht hat, die er nur machen konnte:

① Mangelnde Markt- und Technologiekenntnis,
② Fehleinschätzung der Ertragsaussichten,
③ Falsche Einschätzung der Folgekosten bis zum Erreichen von Synergieeffekten,
④ Nicht miteinander zu vereinbarende Unternehmenskulturen,
⑤ Mangelnder Konsens im übernehmenden Management,

⑥ Unfähigkeit, das übernommene Unternehmen zu führen,
⑦ Konstellationen, bei denen der ehemalige Inhaber Veränderungen blockieren kann,
⑧ Zu geringer Einfluß bei Minderheitsbeteiligungen,
⑨ Zu straffe Konzernrichtlinien, die ein übernommenes flexibles Unternehmen verbürokratisieren,
⑩ Falsche Informationspolitik bis hin zu Indiskretionen.

Seine Rechnung 1 + 1 = 3 ist nicht aufgegangen. Er hat von Synergien und Diversifikationen geschwärmt, ist aber der Verlockung der Größe und seiner Eitelkeit erlegen - auf Kosten der Aktionäre.
Die Bilanz der Ära Reuter: Daimler-Benz hat seit 1985 mindestens acht Milliarden Mark außerhalb des Autogeschäfts investiert, und die haben keinen Pfennig Zinsen gebracht - sondern nur Milliarden Verluste nach sich gezogen. Die Vision vom »integrierten Technologiekonzern« ist ein Torso. Was theoretisch überzeugt, läuft praktisch schief. Mit dem Kraftakt weg vom Auto hat Daimler-Benz die Startposition in das nächste Jahrtausend nur minimal verbessert.

2. Kapitel

Die Aufsichtsräte

»In größeren Gesellschaften müssen die Nachfolgeregelungen nicht nur für den Vorstand, sondern auch für den Aufsichtsrat langfristig geplant und schriftlich fixiert werden. Jährlich ist die Zweckmäßigkeit der festgelegten Regelungen zu überprüfen.«

Reinhard Mohn

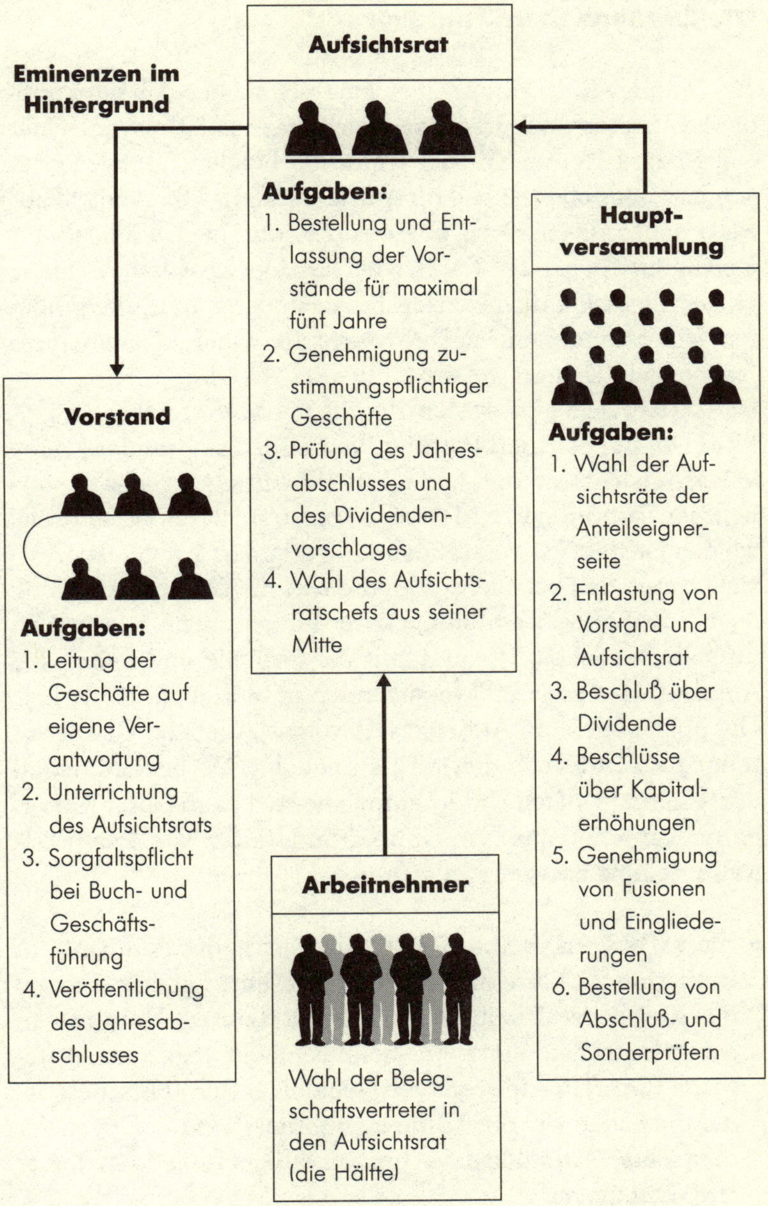
Aufsichtsrat
Eminenzen im Hintergrund
Aufgaben:
1. Bestellung und Entlassung der Vorstände für maximal fünf Jahre
2. Genehmigung zustimmungspflichtiger Geschäfte
3. Prüfung des Jahresabschlusses und des Dividendenvorschlages
4. Wahl des Aufsichtsratschefs aus seiner Mitte
Hauptversammlung
Aufgaben:
1. Wahl der Aufsichtsräte der Anteilseignerseite
2. Entlastung von Vorstand und Aufsichtsrat
3. Beschluß über Dividende
4. Beschlüsse über Kapitalerhöhungen
5. Genehmigung von Fusionen und Eingliederungen
6. Bestellung von Abschluß- und Sonderprüfern
Vorstand
Aufgaben:
1. Leitung der Geschäfte auf eigene Verantwortung
2. Unterrichtung des Aufsichtsrats
3. Sorgfaltspflicht bei Buch- und Geschäftsführung
4. Veröffentlichung des Jahresabschlusses
Arbeitnehmer
Wahl der Belegschaftsvertreter in den Aufsichtsrat (die Hälfte)

Die Eminenzen im Hintergrund

Bei Daimler-Benz gibt es einen guten Brauch: Noch nie wurde der Ex-Vorstandsvorsitzende Aufsichtsratschef. Doch auch hier will Edzard Reuter mit der Tradition brechen – ungeachtet seines Mißerfolgs. Er will im Aufsichtsrat als Oberkontrolleur Platz nehmen. Aber egal, ob Edzard Reuter bei Daimler-Benz, Friedhelm Gieske bei RWE oder Ex-Hoechst-Chef Wolfgang Hilger: Deutschlands Konzernbosse stoßen auf immer größeren Widerstand, wenn sie ihre Macht als »Oberaufseher« ihres Nachfolgers sichern wollen.

Im Aktienrecht gibt es den Begriff der »informellen Autorität«. Der Jurist Erich Potthoff, Verfasser des Standardwerks »Das Aufsichtsratsmitglied«, Pflichtlektüre für jeden Unternehmenskontrolleur, erklärt sie so: »Sie spielt dort eine Rolle, wo das langjährige Vorstandsmitglied in den Vorsitz des Aufsichtsrates hinüberwechselt und dabei die Geschäftsführung noch nachhaltig beeinflußt.« Wird die heimliche Führung zu intensiv betrieben, werde damit die formelle und informelle Autorität des Vorstandsvorsitzenden untergraben.

Die Folge: Die vom Aktiengesetz vorgeschriebene Gewaltenteilung im Unternehmen wird ausgehöhlt. Ob bei BMW und der Allianz, in vielen Unternehmen herrschen die alten Unternehmensfürsten aus dem Hintergrund weiter. Von echter Gewaltenteilung ist wenig zu spüren:

- Ex-BMW-Lenker Eberhard v. Kuenheim, der den Konzern immerhin 23 Jahre unangefochten geführt hat, zog sich auf das Amt des Aufsichtsratsvorsitzenden zurück. Bei strategischen Entscheidungen (wie beim Kauf der englischen Autofirma Rover) führte er seinem Nachfolger Bernd Pischetsrieder die Feder. Der durfte nur ausführen, »was der Doyen der deutschen Autoindustrie ihm vorgab«, so ein Münchener BMW-Manager.

- Hermann Franz, schon als früherer Chefstratege von Siemens der tatsächliche Leiter von Deutschlands zweitgrößtem Konzern, nimmt als Aufsichtsratschef sogar laufend an Vorstandssitzungen teil. Der Vorstandsvorsitzende Heinrich v. Pierer ist geschickt genug, einen Affront zu vermeiden.

- Seinlassen kann es auch Wolfgang Schieren nicht, Oberaufseher von Europas größtem Versicherungskonzern, der Allianz. Im Münchener Hauptsitz hat er, so bayerische Insider, »noch immer alle Fäden in der Hand«. Vorstandschef Henning Schulte-Noelle kann seinen Vorgänger nicht stoppen.

»Solange alles gutgeht, fallen solche Konstellationen gar nicht auf«, bemerkt dazu der Kieler Wirtschaftspsychologe Stefan Schulz-Hardt. Das Aktiengesetz stellt an die Qualifikation der Kontrolleure keine besonders hohen Anforderungen. Nicht einmal die Fähigkeit, eine Bilanz lesen oder verstehen zu können, ist erforderlich. Selbst wer sich als Spitzenmanager Pannen leistet, hat in Deutschland oft noch große Chancen, in die geschlossene Gesellschaft der Aufsichtsräte gewählt zu werden. Neben den Großaktionären bestimmen vor allem die Banken, wer Aufseher in Deutschlands Aktiengesellschaften wird. Das Depotstimmrecht verschafft ihnen die nötigen Mehrheiten, ohne daß sie selbst eigene Aktien besitzen müßten. Der Kreis der Auserwählten ist fast immer derselbe: Bankiers, Industrielle und bisweilen Anwälte mit gutem Namen. Querdenker sind selten gefragt. Das deutsche Aktienrecht sieht zwar bei Kontrollfehlern eine Haftung der Aufsichtsräte vor – aber das ist Theorie. In der Bundesrepublik sind Schadensersatzprozesse gegen schludrige Aufsichtsräte äußerst selten.
»Einen Aufsichtsrat haften zu lassen«, wußte schon der große Mann der Deutschen Bank, Hermann Josef Abs, »ist schwieriger, als eine Sau am eingeseiften Schwanz festzuhalten.« Abs mußte es wissen: Er war von 1955 bis 1970 Vorsitzender und

bis zu seinem Tod am 6. Februar 1994 Ehrenvorsitzender des Aufsichtsrates der Daimler-Benz AG.
Das Resultat ist: Fehlentscheidungen wie bei Daimler-Benz werden oft extrem spät korrigiert. Schulz-Hardt, der Wirtschaftspsychologe: »Weil alle mitgemacht haben, kann niemand ›Stopp‹ rufen. Alle decken sich gegenseitig. Ein Neuanfang der Unternehmensspitze unter Kontrolle des alten Chefs – das ist der falsche Weg.«
Richtig ist es, wenn die Macht der alten Managergarde beschnitten wird. Dafür gibt es viele Beispiele: Lufthansa-Chef Heinz Ruhnau mußte sich mit einem einfachen Aufsichtsratsmandat bei der Kranichlinie bescheiden. Sein Nachfolger Jürgen Weber hatte damit freie Hand, den überhitzten Expansionskurs seines Vorgängers zu revidieren.
Und im Thyssen-Konzern ging Dieter Spethmann 1991 nach seinem Ende als »Sonnenkönig an der Ruhr« sogar ganz leer aus. Er hatte einfach seinen Einfluß überschätzt. Sieger blieb am Ende der Vorstandsvorsitzende Heinz Kriwet, der den Konzern auch ohne den guten Rat seines Vorgängers erfolgreich führt. Ein Düsseldorfer Insider: »Das hätte sonst ein Hauen und Stechen gegeben.«
Auch Ernst Pieper, bis Ende 1993 Vorstandsvorsitzender der Preussag AG in Hannover, schaffte den Sprung an die Spitze des Aufsichtsrates nicht. Einerseits war Friedel Neuber, Chef der Westdeutschen Landesbank (WestLB), nicht bereit, den Platz zu räumen. Andererseits waren die Kontrolleure der Meinung, der neue Preussag-Chef, Michael Frenzel, müsse den Mischkonzern strategisch neu ausrichten.
Überfällig war eine Neuorientierung ebenfalls bei Volkswagen. Carl H. Hahn hatte beim Abschied vom VW-Vorsitz von Anfang an keine Chance, Aufsichtsratschef zu werden. Nicht nur, weil Ruhrgas-Chef Klaus Liesen weiterhin die Unterstützung des entscheidenden Anteilseigners (Land Niedersachsen) und der Arbeitnehmer genoß, sondern auch, weil er von seinem

überzogenen Wachstumskurs nicht ablassen wollte. Der neue Vorstandschef Ferdinand Piëch braucht für die überfällige Sanierung freie Bahn.
Ungehindert zupacken kann auch Jürgen Dormann, neuer Vorstandschef von Hoechst. Kaum war sein langjähriger Vorgänger Wolfgang Hilger nach einer Kette von Chemieunfällen verabschiedet worden, begann Dormann, den Konzern völlig umzukrempeln.
RWE-Chef Friedhelm Gieske hat sich die Erfüllung seines sehnlichsten Wunsches, Aufsichtsratsvorsitzender des Essener Riesen zu werden, selbst verbaut. Er wollte seinen größten Aktionären, den Kommunen, das Mehrfachstimmrecht beschneiden und sie damit entmachten. Gegen seinen Willen wurde RWE-Energie-Chef Dietmar Kuhnt Konzernchef. »Die Leichen aus dem Keller holen«, so ein Essener Manager, darf Kuhnt mit seinem Amtsantritt im Januar 1995.
Und Edzard Reuter? Seine Vision, einen deutschen Technologiekonzern zu schmieden, ist wie eine Seifenblase geplatzt. Und das Wichtigste, die Rentabilität, hat er dabei aus den Augen verloren. Deutsche-Bank-Chef Hilmar Kopper klebt zwar nicht an seinem Aufsichtsratsvorsitz in Stuttgart. Doch er und insbesondere die Aufsichtsräte Jürgen Sarrazin und Martin Kohlhausen, die Chefs der Dresdner Bank und Commerzbank, sind von der Idee, daß Reuter seinen Sessel einnimmt, ebensowenig begeistert wie viele Daimler-Aktionäre. Aktionärssprecher Ekkehard Wenger: »Soviel Kapital wie Reuter hat fast kein anderer deutscher Vorstandsvorsitzender vernichtet.«
Im Machtkampf um den prestigeträchtigsten Aufsichtsratssessel, der in der deutschen Wirtschaft zu vergeben ist, zieht Edzard Reuter den kürzeren. Nicht einmal mehr die Arbeitnehmervertreter, die ihn noch bei seiner Wahl zum Vorstandsvorsitzenden unterstützt hatten, stehen hinter ihm. Der Vorsitzende des Konzernbetriebsrates und stellvertretende Vorsitzende im Aufsichtsrat, Karl Feuerstein, verkün-

det: »Ich bin der Meinung, daß der Vorsitzende Gewicht haben muß, und das ist in der Regel der Vertreter des größten Anteilseigners.«

Hilmar Kopper: Der Herr des Geldes

Er ist der zweitmächtigste Mann im Staat nach dem Kanzler, der Sprecher der Deutschen Bank, des größten deutschen Geldinstitutes, und Aufsichtsratschef von Daimler-Benz, des größten deutschen Industriekonzerns. Begonnen hat Hilmar Kopper 1953 als Banklehrling in Köln; der Vater, ein Landwirt aus Westpreußen, kann ihm kein Studium bezahlen. 1969 übernimmt er seine erste Filiale, die Deutsche Bank in Leverkusen. 1977 wird er Vorstandsmitglied, am 12. Dezember 1989 Sprecher des Vorstands.

Koppers Imperium besteht aus 229 verschiedenen Gesellschaften mit rund 73000 Mitarbeitern von Antwerpen bis Johannesburg, von New York bis Kuala Lumpur. Dazu gehören Immobilienfirmen, Unternehmensberatungen und Industriebeteiligungen. Durch den Einstieg in den Versicherungsmarkt (Deutscher Herold, Gerling, Nürnberger) besetzte Hilmar Kopper im Privatkundengeschäft profitable strategische Positionen. In seine Amtszeit fällt die gelungene Übernahme von 70 Prozent der früheren DDR-Staatsbank. Durch den Kauf der britischen Investmentbank Morgan Grenfell, von Kopper persönlich betrieben, gelang der Deutschen Bank der Einstieg ins lukrative internationale Mergers- und Akquisitionsgeschäft, mehr noch: in die angelsächsische Finanzmarktkultur. Fast zwei Drittel des deutschen Außenhandels werden mittlerweile über Konten der Deutschen Bank abgewickelt.

Im Vergleich zu Daimler-Chef Reuter, dem Mann mit dem weiten Horizont (»Wenn du ein Schiff bauen willst«, zitiert der gern den französischen Schriftsteller Antoine de Saint-Exupéry, »dann trommle nicht Männer zusammen, um Holz zu beschaffen, Aufträge zu vergeben und Arbeit zu verteilen – sondern lehre sie die Sehnsucht nach dem weiten, endlosen Meer«), wirkt Deutschbanker Kopper wie ein bedächtiger Kapitän. Einer, der erst einmal dicke Bretter bohrt und Nägel mit Köpfen macht, bevor er an den Aufbruch zu neuen Ufern denkt. Von Kopf bis Fuß ein lupenreiner Bankier, der am Tun gemessen werden möchte und nicht am Reden. Sein Leitspruch: »Wir müssen durch vernünftiges Handeln beweisen, daß wir nicht das sind, zu dem man uns machen will.«

»Wer in die Fußstapfen seines Vaters tritt, kann ihn nicht überholen.« Mit dieser Devise hatte der ermordete Vorstandssprecher der Deutschen Bank AG, Alfred Herrhausen, einst die Gangart beschrieben, die er für sich einzuschlagen gedachte. Hilmar Kopper beherzigt diesen Ratschlag. Er vermeidet die Spuren seines Vorgängers. Wo Herrhausen zu gedanklichen Höhenflügen ansetzte, gibt sich sein Nachfolger bewußt bodenständig. Wo der Vorgänger wie auch sein Intimus Reuter die Belegschaft mit Visionen zu motivieren suchte, betont Kopper eine pragmatische Vorgehensweise. Auftritte in der Öffentlichkeit sind dem mächtigsten Bankchef in Deutschland ein Greuel. In seiner Freizeit taucht Hilmar Kopper am liebsten in einsame Regionen des Schwarzwaldes ab.

Hilmar Kopper ist, nachdem er den deutschen Geldolymp bestiegen hat, ein bescheidener Mann geblieben. Mit seiner persönlichen Zurückhaltung und seinem teamorientierten Führungsstil hat es der Großstrategien mißtrauende Anpacker (»Ich bin nur der oberste Dienstleistende«) geschafft, die Bank stärker zu prägen als sein charismatischer und philosophierender Vorgänger.

Seit seinem Amtsantritt stieg die Bilanzsumme um zwei Drittel auf über 540 Milliarden Mark. Die Jahre 1991 bis 1993 waren die erfolgreichsten in der 124jährigen Geschichte der Deutschen Bank.

Zwar hat er 1994 die Schneider-Immobilienpleite und die Balsam-Betrugsaffäre zu verkraften und macht in der Öffentlichkeit mit »Peanuts« in zig Millionen Mark Höhe Schlagzeilen, doch seine Erfolgsrechnung wird dadurch kaum geschmälert. Allerdings wird das Image der Bank erheblich in Mitleidenschaft gezogen. Die einstige Aura der unerschütterlichen Macht und der unfehlbaren Kompetenz der Deutschen Bank ist in der Ära Kopper verflogen. »Die Macht ist nicht das, was mich motiviert«, antwortet Kopper auf die Frage, was ihn treibt. »Ich weiß, daß ich sie habe.« Er wünscht sich, daß seine Bank an normalen betriebswirtschaftlichen Maßstäben gemessen wird. Mit der üblichen ängstlichen Reaktion deutscher Manager, wenn sie auf das Wort »Macht« angesprochen werden, kann Kopper nichts anfangen. Statt sich mit der Floskel »Wir haben Einfluß, keine Macht« von der Politik abzugrenzen, sagt der Deutsche-Bank-Chef knapp: »Natürlich hat man Macht.«

In einem Interview mit dem britischen Finanzmagazin »Euromoney« bekennt er Anfang 1994 über seine Tätigkeit als Aufsichtsratsvorsitzender bei Daimler-Benz: »Wenn man als Vorsitzender mit der Art der Unternehmensführung nicht einverstanden ist, können Sie mit dem Vorstand darüber sprechen. Wenn das zu keinem Ergebnis führt, bleibt Ihnen nichts anderes übrig, als den Vorstand rauszuwerfen und durch neue Leute zu ersetzen. Ansonsten muß man sich auf das verlassen, was sie einem sagen.«

Die Daimler-Benz-Strategie von Edzard Reuter steht bei Oberaufseher Hilmar Kopper immer wieder auf dem Prüfstand. Mit der Folge: Kopper setzt in Stuttgart zunehmend auf die Leninsche Formel: Vertrauen ist gut, Kontrolle ist besser. Neben den jährlich vier ordentlichen Aufsichtsratssitzungen wurde 1993 das Aufsichtsratspräsidium installiert, das sich vor allem mit der Konzernstrategie befaßt. Seit 1994 gibt es zusätzlich ein »Audit Committee« nach amerikanischem Vorbild, wo der

Daimler-Vorstand die Kapitalseite dreimal im Jahr intensiv über die Finanzlage des Konzerns unterrichtet – Konsequenz der krassen Fehleinschätzungen, mit denen Reuter 1992 und 1993 den Aufsichtsrat wiederholt düpiert hat.
Daß Hilmar Kopper Edzard Reuter gelegentlich einmal gefragt habe, ob er nach dessen Auszug aus der Vorstandsetage Aufsichtsratschef werden wolle, bestreitet der Deutschbanker nicht. Aber: »Eine Frage ist keine Festlegung auf eine Meinung«, argumentiert Kopper spitzfindig. Edzard Reuter hat die Herren des Geldes schon immer unterschätzt. Zweimal schon, bei der Nachfolge der Daimler-Chefs Joachim Zahn (1979) und Gerhard Prinz (1983), hat ihn Wilfried Guth, Koppers Vorvorgänger in der Bank und Aufsichtsratsvorsitzender in Stuttgart, übergangen. Auch ihm warf Edzard Reuter übrigens mangelnde Offenheit vor. Nur – wer hat dauernd mit verdeckten Karten gespielt?
Der Vorsitzende des Aufsichtsrates trägt die Hauptverantwortung für eine wirksame Kontrolle und Beratung des Vorstands. Bei ihm laufen sämtliche Informationen zusammen. Und da er im ständigen Kontakt mit der Konzernspitze steht, ist ein vorbehaltloses Vertrauensverhältnis entscheidend. Wenn das nicht stimmt, wie es zwischen Edzard Reuter und Hilmar Kopper zweifellos der Fall ist, dann kann der Aufsichtsratsvorsitzende die Verantwortung nur tragen, wenn er die Konsequenzen zieht. Und das hat Hilmar Kopper nach reiflicher Überlegung getan: Er bleibt im Amt – Edzard Reuter muß gehen.

Birgit Breuel: Die Dame der Politik

Im Aufsichtsrat der Daimler-Benz AG spielt Birgit Breuel neben Hilmar Kopper eine Schlüsselrolle. Zusammen mit dem Aufsichtsratsvorsitzenden vertritt sie die Kapitalseite im »Au-

dit Committee«. Außerdem pflegt sie ab 1995 für Daimler-Benz politische Kontakte bei der Weltausstellung Expo 2000. Ihr Vater, Alwin Münchmeyer, war ein bekannter hanseatischer Privatbankier, der viele Jahre den Vorsitz des Deutschen Industrie- und Handelstages sowie des Bankenverbandes innehatte.
Den entscheidenden Anstoß zum persönlichen politischen Engagement erhält Birgit Breuel als Mitglied des Elternrates in der Auseinandersetzung um die hamburgische Schulpolitik. 1966 tritt sie in die CDU ein, 1970 kommt sie erstmals in die Hamburger Bürgerschaft. Sie wird Mitglied des CDU-Fraktionsvorstandes und des geschäftsführenden Landesvorstandes der CDU in Hamburg, ab 1976 macht sie als Wirtschaftssprecherin der Hamburger CDU-Bürgerschaftsfraktion auf sich aufmerksam. Im Juni 1978 holt der niedersächsische Ministerpräsident Ernst Albrecht sie als Wirtschaftsministerin in sein Kabinett.
Als Motiv für den Wechsel von Hamburg nach Hannover nennt Birgit Breuel damals die Erprobung ihrer marktwirtschaftlichen Prinzipien in der Praxis. Sie setzt, wenn auch mit begrenztem Erfolg, eine spektakuläre Entstaatlichungs- und Entbürokratisierungskampagne durch, sagt dem Subventionsunwesen den Kampf an, macht sich für eine Einschränkung des Fernmeldemonopols und die Aufhebung der Gebietsmonopole der Elektrizitätswirtschaft stark und wirbt, wo immer es geht, für weniger Staat und mehr Eigeninitiative in der Wirtschaft.
Nach der niedersächsischen Landtagswahl Mitte 1986 übernimmt Birgit Breuel das Finanzressort, außerdem auf Ministerebene die Verantwortung für die Frauenpolitik. Mit unkonventionellen Vorstößen sorgt sie ständig für Aufsehen. Sie mahnt eine Neuordnung der öffentlichen Investitionspolitik an, die in vielen Bereichen Sättigungsgrade erreicht habe. Sie überrascht mit dem Vorschlag, die Hochschulen sollten sich

durch Studiengebühren, Dritt- und Projektmittel selbst finanzieren.
Mit dem Regierungswechsel in Niedersachsen nach der Landtagswahl vom Mai 1990 endet Birgit Breuels Ministertätigkeit. Eine neue Aufgabe findet sie am 1. Oktober 1990 als Vorstandsmitglied der Treuhandanstalt in Ostberlin, die mit der Privatisierung ehemals volkseigener DDR-Betriebe, mit der Sanierung und Stillegung nicht sanierungsfähiger Unternehmen beauftragt ist. Im Treuhandvorstand übernimmt sie die Verantwortung für die fünfzehn Niederlassungen der Treuhand. Eine ihrer ersten Amtshandlungen ist die Entlassung der noch vom ehemaligen DDR-Ministerpräsidenten Hans Modrow eingesetzten und weitgehend aus dem alten Parteiapparat stammenden Chefs der Niederlassungen.
Nach der Ermordung von Treuhandpräsident Rohwedder (1. April 1991) wählt der Verwaltungsrat der Treuhandanstalt Birgit Breuel am 13. April 1991 einstimmig zur neuen Präsidentin. Neben erfahrenen Managern aus den alten Bundesländern engagiert sie sogenannte »Privatisierungsteams« von freiberuflichen Unternehmensberatern. An ihrem Leitsatz: »Privatisierung ist die beste Form der Sanierung« läßt die Präsidentin keine Zweifel aufkommen. Zum Jahreswechsel 1994/95 gibt sie, nachdem die Treuhand ihre Hauptarbeit erledigt hat, das Präsidentenamt ab.
Für Birgit Breuel schließt sich der Kreis: Als ehemalige Aufsichtsratsvorsitzende der Deutschen Messe AG entwickelt sie 1988 zusammen mit dem Messevorstand die Idee für die Weltausstellung Expo 2000 in Hannover, deren Generalkommissarin, ausgestattet mit Diplomatenstatus, sie am 1. April 1995 wird. Sitz des Generalkommissariats ist Berlin. Die Politikerin hat der Idee der Expo in der Bundesrepublik mit großem Engagement zum Durchbruch verholfen. Im Namen der Bundesregierung wird Birgit Breuel die Nationen der Welt zur Teilnahme an der Expo einladen; gleichzeitig vertritt sie die

Interessen der Bundesrepublik gegenüber der Expo-Gesellschaft Hannover und den etwa hundert Ausstellerstaaten. Aufsichtsratsvorsitzender der Expo 2000 wiederum ist Mercedes-Chef Helmut Werner. Damit schließt sich auch hier der Bogen.

Gerd Binnig: Der Herr mit dem Nobelpreis

Gerd Binnig ist der Junior im Aufsichtsrat von Daimler-Benz. Er besuchte in seiner Heimatstadt das Goethe-Gymnasium und studierte dann an der Johann-Wolfgang-Goethe-Universität Physik. Nach dem Studium, das er 1973 als Diplomphysiker abschließt, widmet er sich bei seiner Dissertation dem Phänomen der Supraleitfähigkeit und beendet 1978 seine Doktorarbeit.
Anschließend geht er als Stipendiat des internationalen Computerkonzerns IBM an dessen Forschungslabor nach Rüschlikon, Zürich, und entwickelt dort zusammen mit Dr. Heinrich Rohrer ein Raster-Tunnel-Mikroskop. Binnig, der für seine Forschungsarbeiten bei IBM bereits mit zwei Firmenpreisen (IBM Outstanding Contribution Award), 1982 dem Physikpreis der Deutschen Physikalischen Gesellschaft und 1983 mit dem Otto-Klung-Preis ausgezeichnet worden ist, erhält 1986 den Nobelpreis für Physik zusammen mit H. Rohrer und E. Ruska für außergewöhnliche wissenschaftliche Leistungen. Der Wissenschaftler wird für die Entwicklung von Instrumenten, die eine Sichtbarmachung der Materie bis in die atomare Dimension hinein ermöglichen, mit dieser bedeutendsten Auszeichnung für Naturwissenschaftler geehrt.

Hubert Curien: Der Herr der Lüfte

Sein Auftreten läßt nicht darauf schließen, daß er ein mächtiger Mann ist. Hubert Curien wirkt zurückhaltend, fast scheu und so privat wie ein Gelehrter aus dem Bereich der schönen Künste, nicht wie ein Physikprofessor, der er von Hause aus ist. »Kaum ein Gesprächspartner könnte liebenswürdiger sein, auch nicht zuvorkommender«, schreibt die »Zeit«. Seltene Eigenschaften für einen Politiker, der seit 1984 – mit Unterbrechung – französischer Forschungsminister war und damit auch für die Weltraumpolitik zuständig. Daimler-Benz holte den Staatsmann im Ruhestand als ersten ausländischen Aufseher in den Aufsichtsrat. Die Berufung des Franzosen galt freilich weniger der Internationalisierung als vielmehr der handfesten Schützenhilfe: Der Konzern braucht den Rat des Pariser Luft- und Raumfahrtexperten für seine Aerospace-Interessen.
Curien ist der Experte, wenn es um die deutsch-französische Kooperation geht. Allein in Grenoble gibt es drei deutsch-französische Forschungsinstitute, bei denen er Pate gestanden hat. Den Anfang machte das Laue-Langevin-Institut mit einem Höchstflußreaktor für die Neutronenphysik. Zusammen mit der Max-Planck-Gesellschaft wird ein Hochmagnetfeldlaboratorium betrieben, außerdem ein radioastronomisches Institut. Zusätzlich sorgte Curien dafür, daß die europäische Synchrotronquelle in Grenoble gebaut wurde.
Auch beim Aufbau der europäischen Forschungsförderung hat er sich einen Namen gemacht. Er ist einer der Geburtshelfer der European Science Foundation, die die europäische Kooperation im Bereich der Grundlagenforschung fördert. Außerdem ist er der Erfinder des Eureka-Programms, der europäischen Antwort auf das amerikanische SDI-Projekt. Als Franzose und gebürtiger Elsässer ist er zutiefst davon überzeugt, daß die Europäer ihre eigene Rolle in der Forschung und

Entwicklung spielen müssen und sich von den Amerikanern nicht ins Schlepptau nehmen lassen dürfen.
Eine Konzentrierung der EG-Forschungsanstrengungen auf die Mitgliedsländer mit den größten Forschungspotentialen lehnt Hubert Curien jedoch ab: »Das würde die Reichen nur noch reicher machen.« Die Chancengleichheit müsse innerhalb der EG gewahrt bleiben. Curien spricht sich bei der EG-Forschung für Dezentralisierung und Dekonzentration aus. Die EG-Forschung müsse sich in Richtung Projektträger entwickeln. Sein Credo: »Die Zusammenarbeit der Unternehmen muß erheblich verbessert werden.« Dies schließt auch Unternehmen außerhalb Europas ein.

Martin Kohlhausen: Der Herr im stillen

Der Sohn eines Pfarrers studierte Rechtswissenschaften (beide Staatsexamina) und absolvierte eine Ausbildung zum Bankkaufmann. Seine Karriere beginnt Martin Kohlhausen 1965 bei der Deutschen Bank, bei der er bis 1974 alle Facetten des Bankgeschäfts kennenlernt. Dann wechselt er als Geschäftsstellenleiter zur Lloyds Bank International, Niederlassung Deutschland. 1976 tritt er in die Dienste der Westdeutschen Landesbank in Düsseldorf, für die er die Filialen in Tokio und in New York leitet.
Bereits während seiner Tätigkeit bei der Deutschen Bank lernt er Walter Seipp kennen, dem er später bei der Westdeutschen Landesbank wiederbegegnet. Seipp war ab 1978 Vorstandsvorsitzender der WestLB. Als Seipp 1981 zur Commerzbank AG nach Frankfurt berufen wird und dort mit dem Vorstandsvorsitz eine schwierige Sanierungsaufgabe übernimmt, holt er wenige Monate später auch Kohlhausen nach Frankfurt.
1982 wird Kohlhausen Mitglied des Vorstandes der Commerzbank. In dieser Funktion ist er für Auslandsaktivitäten und das

Geld- und Devisengeschäft verantwortlich. Im Mai 1991 wird er offiziell zum Nachfolger Seipps bestellt. Obwohl Kohlhausen nicht wie sein energisch auftretender Vorgänger als Vorstandsvorsitzender, sondern als Sprecher des Vorstandes der Commerzbank fungiert, läßt er anfängliche Zweifel an seinen Führungsqualitäten schnell verstummen.
Innerhalb von nur zwei Jahren versteht er es, die Commerzbank den Bedürfnissen einer durch zunehmende Konjunkturängste und rezessive Tendenzen geprägten Wirtschaftsperiode anzupassen. Unterstützt von Unternehmensberatungen, läßt er die Commerzbank gründlich auf Organisationsmängel und vermeidbare Risiken durchleuchten. Er führt neue innovative Finanzinstrumente ein und reorganisiert das Privatkundengeschäft. Im Aufsichtsrat von Daimler-Benz gehört er zu den Kritikern von Edzard Reuter.

Jürgen Sarrazin: Der Herr der Sprachen

Der Banker studiert Rechtswissenschaften und Geschichte in Deutschland sowie in den USA. Mit dem juristischen Staatsexamen schließt er 1960 seine akademische Ausbildung ab. Seine Berufslaufbahn beginnt er bei der Dresdner Bank. Jürgen Sarrazin absolviert zunächst die klassischen Bankerstationen und ist mehrere Jahre im Filialkreditgeschäft der Dresdner Bank in Karlsruhe tätig. Mit seinem Wechsel in die Frankfurter Zentrale der Bank wendet sich der sprachgewandte Sarrazin – er spricht fließend Englisch, Französisch und Spanisch – dem Auslandsgeschäft der Bank zu. Von 1975 an nimmt er als Generalbevollmächtigter in Unterstützung des Vorstandes Aufgaben im internationalen Geschäft der Bank wahr.
Seit 1983 ist Sarrazin Mitglied des Vorstandes der Dresdner Bank und koordiniert das Auslandsgeschäft mit Regionalzuständigkeiten in Europa, Afrika und Lateinamerika. Er hat

wesentlichen Anteil an der in den letzten Jahren eingeleiteten Kooperation zwischen der Dresdner Bank und der französischen Staatsbank Banque Nationale de Paris. Im Mai 1993 übernimmt Sarrazin die Spitze der Dresdner Bank. Entscheidend ist seine Erfahrung bei der wachsenden Bedeutung des internationalen Geschäfts nicht nur für seine Bank, sondern auch für Daimler-Benz.
Bei Edzard Reuter stört ihn vor allem dessen arrogante Überheblichkeit.

Johannes Semler: Der Herr der Kunst

Hauptberuflich arbeitet der Senior unter den Aufsichtsräten von Daimler-Benz als Anwalt und Unternehmensberater. Die unternehmerischen Erfahrungen nutzt der Dr. jur. und Honorarprofessor der Universität Wien für seine wissenschaftliche Arbeit. 1981 hat Johannes Semler zum Beispiel eine Arbeit über »Die Überwachungsaufgaben des Aufsichtsrats« veröffentlicht. Wichtig ist für ihn: »Ein Unternehmer, der Arbeitsabläufe wirksam rationalisieren will, darf kein Weichholzbohrer sein. Die Frage nach der eigenen Beliebtheit soll eine auf Effizienz bedachte Führungsperson deshalb aus ihren Gedanken verbannen. Worauf es vielmehr ankommt, ist die Fähigkeit zur Koordination und Integration ohne übergroße Selbstzweifel. Motivationsgabe ist ebensowenig verzichtbar wie immenses Wissen, logische Gedankenführung und konstruktives Vorstellungsvermögen. Letzteres muß auch für Aufsichtsräte gelten. Ein Aufsichtsrat soll sich vor allem Gedanken über die Zukunft des Unternehmens machen. Er ist nicht zum Erbsenzähler berufen. Wer das Schwergewicht in der Nachprüfung des Zahlenwerkes sieht, verfehlt seine Aufgabe.«
Für Johannes Semler ist Unternehmensführung eine Kunst: »Wer glaubt, erfolgreiche Geschäftspolitik sei allein eine Re-

sultante richtig aufgebauter Regelkreise und sachgerecht angewandter betriebswirtschaftlicher Theorien, sollte der Führungsspitze fernbleiben.« Die Leistung von Edzard Reuter als Konzernführer findet Johannes Semler an der von ihm gesetzten Meßlatte nicht überzeugend. Der Unternehmensberater sitzt auch im Aufsichtsrat der Daimler-Aerospace.

Manfred Schneider: Der Herr der Chemie

Eine klassische Bayer-Karriere: Manfred Schneider absolviert das Alfred-Krupp-Gymnasium in Essen und studiert nach dem Abitur Betriebswirtschaft in Freiburg, Hamburg und Köln. Nach dem Examen als Diplom-Kaufmann wird er Assistent am Lehrstuhl für Betriebswirtschaftslehre der TH Aachen. In dieser Zeit promoviert er zum Dr. rer. pol. Zu Beginn seiner Berufslaufbahn ist Schneider kurze Zeit Assistent des Geschäftsführers einer chemischen Fabrik in Köln. Im Herbst 1966 wird er Mitarbeiter des Chemie- und Pharmakonzerns Bayer AG.

Schneider ist zunächst in den Abteilungen Organisation, Revision und Betriebsabrechnung tätig. 1971 wechselt er zur Duisburger Kupferhütte, damals eine Beteiligungsgesellschaft der Bayer AG. Er beginnt dort als Leiter des Finanz- und Rechnungswesens und wird 1977 (nach Übernahme des Unternehmens durch den britischen Mischkonzern Rio Tinto) Vorsitzender des Vorstandes. Der von Schneider geleitete Industriebetrieb zählt mehr als 2500 Beschäftigte und macht rund 400 Millionen Mark Umsatz – für den knapp vierzigjährigen Chef eine Bewährungsprobe.

Ende 1981 kehrt er zum Bayer-Konzern nach Leverkusen zurück und übernimmt 1984 im Rahmen der Neuorganisation des Unternehmens in der Konzernverwaltung die Leitung des Ressorts »Regionale Koordinierung, Konzernrevision und Con-

trolling«. Seit dem 1. Januar 1987 gehört Schneider dem Vorstand der Bayer AG an. Er wird Mitglied der Vorstandsausschüsse »Forschung und Entwicklung« sowie »Investitionen und Technik«, außerdem übernimmt er die Leitung der Zentralkommission »Vertrieb«. Dazu kommen internationale Aufgaben als Sprecher für die Region Westeuropa und als Mitglied des »Board of Directors« von Bayer USA und des Aufsichtsrates von Bayer do Brasil.
Der Bayer-Aufsichtsrat beruft Schneider Ende April 1992 zum neuen Vorstandsvorsitzenden der Bayer AG. Mitglied im Aufsichtsrat der Daimler-Benz AG ist er seit Dezember 1993. Die Fehler seiner Vorgänger kann er nur noch revidieren. Er will den Neuanfang bei Daimler-Benz und spricht sich gegen Edzard Reuter als Aufsichtsratsvorsitzenden aus.

3. Kapitel

Jürgen Schrempp – Der neue Vorsitzende ist Programm

»Optimal ist es, wenn die Unternehmensspitze stets aus den nachrückenden Führungskräften des eigenen Hauses gestellt werden kann.«
Reinhard Mohn

Sein Aufstieg

Jürgen Schrempp vermag das scheinbar Unmögliche.
Mal erinnert er an den verstorbenen Mercedes-Chef Werner Niefer: Der schaffte es, in jeder Hotelbar für Stimmung zu sorgen. Ganz gleich, wieviel Viertele der Schwabe getrunken hatte, er verlor nie den Boden unter den Füßen. Beispiel: Genfer Autosalon. Als nach der Vorstellung der voluminösen S-Klasse Kritik laut wurde, versuchten Mercedes-Manager eifrig anhand von Tabellen, technischen Fachbegriffen und Schaubildern zu beweisen, wie gut das Auto in die Zeit passe. Nicht so Niefer. Er verkündete nach dem abendlichen Dinner frohgelaunt: »Das Auto ist zu groß, zu schwer und verbraucht zuviel. Das wissen wir. Aber es macht wahnsinnig viel Spaß, damit zu fahren.« Niefer war direkt, offen und packte zu.
Mal ähnelt Schrempp Edzard Reuter: Der wienert ständig mit Vorträgen an seinem Image, der Philosoph unter Deutschlands Industrieführern zu sein. Beispiel: St. Gallen. Mit einer umstrittenen Rede schaffte es Reuter 1980, die deutschen Unternehmer mit ihrem Bekenntnis zur »sozialen Marktwirtschaft« der Heuchelei zu bezichtigen und sich damit als Leitfigur eines intellektuellen Managers zu profilieren.

Und Jürgen Schrempp?
Der hält es weder an einem Ort noch auf einem Posten lange aus. Seit der Sohn eines Freiburger Verwaltungsangestellten das Elternhaus verlassen hat, folgt er vor allem einem Ziel: Er will vorwärtskommen. Das badische Städtchen scheint für Schrempp ein Synonym zu sein für Enge und Provinz, für Spießigkeit und Bürokratie. Vielleicht, weil er dies besonders verspürt als Kfz-Mechaniker bei Mercedes, als Maschinenbaustudent in Offenburg und in der Mercedes-Zentrale in Stuttgart.
»Immer mal wieder« hat er dort »die Hand gehoben«, wenn

ein neuer Job zu vergeben war. Seit 1967 arbeitet Jürgen Schrempp in verschiedenen Bereichen der Zentrale der Daimler-Benz AG. 1974 wird er in das Management der südafrikanischen Tochtergesellschaft Mercedes-Benz of South Africa (damals noch UCDD) berufen, zunächst für den Kundendienstbereich, seit 1980 als Vorstandsmitglied verantwortlich für Technik.
1982 übersiedelt Jürgen Schrempp als Präsident der Euclid Inc., einer hundertprozentigen Tochtergesellschaft der Daimler-Benz AG und Hersteller von schweren Nutzfahrzeugen, nach Cleveland/Ohio, USA. 1984 kehrt er als Vizepräsident zu Mercedes-Benz of South Africa zurück. Schrempp ist gewiß kein Revoluzzer, aber ein Mann mit festen Grundsätzen. Als er 1984 wieder in Südafrika arbeitet und dort zum Chef aufsteigt, agiert er gegen die Apartheid, obwohl in der Konzernzentrale angemerkt wird, die Autos müßten schließlich den Weißen verkauft werden. 1985 übernimmt er den Vorsitz im Vorstand der südafrikanischen Tochtergesellschaft.
Vom 1. Januar 1987 bis 31. Dezember 1988 ist er im Geschäftsbereich Daimler-Benz AG verantwortlich für den Vertrieb und gleichzeitig stellvertretendes Vorstandsmitglied für den Geschäftsbereich Nutzfahrzeuge.
An einem Sonntagnachmittag aber, an dem er in Stuttgart im Privathaus von Konzernchef Edzard Reuter zu einem Viertele Wein eingeladen wird, droht selbst den ehrgeizigen Schrempp der Mut zu verlassen. Reuter bietet ihm einen Job an, bei dem er nur verlieren kann. Schrempp soll bei der Deutschen Aerospace (Dasa) das Cockpit übernehmen. Er zögert kurz, dann packt er zu.
Im Zuge der Umstrukturierung des Daimler-Benz-Konzerns wird Jürgen Schrempp am 19. Mai 1989 zum Vorstandsvorsitzenden der neugegründeten Deutschen Aerospace AG bestellt. Gleichzeitig wird er zum ordentlichen Mitglied des Vorstandes der Daimler-Benz AG ernannt.

Nachdem Schrempp in München die Dasa-Organisation kräftig durchgewirbelt, Kapazitäten beschnitten und strategische Allianzen geschlossen hat, wird er ungeduldig. Seine Fähigkeiten – da muß ein Vorgesetzter sich in einer Taskforce auch mal einem Untergebenen fügen, da muß die Umsetzungsgeschwindigkeit erhöht werden, denn »die einzige Konstante ist die Veränderung«, so sein Motto – könnten womöglich in Stuttgart nicht anerkannt werden.
Da er intern nicht so schnell erhört wird, muß er seine Erfolge eben über den Weg von außen kommunizieren. Bereits im Gründungsjahr der Dasa, 1989, holt sich Schrempp den Public-Relations-Profi Detmar Grosse-Leege als Pressesprecher an seine Seite. Der gelernte Tageszeitungsmann (»Westfälische Nachrichten« und »Westkurier«) pflegt nach verschiedenen Zwischenspielen in der Industrie bei Villeroy & Boch, Audi, Gruner + Jahr gute Kontakte zu den verschiedensten Medien, besonders zur Wirtschaftspresse. Geschickt positioniert er seinen Chef in der Öffentlichkeit als den Topmanager und einzig möglichen Reuter-Nachfolger überhaupt.
Mit fünf Hauptabteilungen Öffentlichkeitsarbeit spielt Grosse-Leege auf dem Klavier der Public Relations. 264 DIN-A4-Seiten zählt die Zusammenstellung der Interviews, die der Dasa-Chef allein von 1989 bis 1993 gegeben hat. Seinen Arbeitsgrundsatz »offene Kommunikation« hat der Westfale Grosse-Leege von den Amerikanern gelernt, seinen großen beruflichen Vorbildern. Ganz im Stil amerikanischer Wahlkämpfer nutzt Schrempps Sprachrohr fast jedes Medium.
Einen seiner größten Erfolge hat er, als 1992 der neue Verteidigungsminister Volker Rühe den Jäger 90 abschießen will. Da weiß innerhalb von zwei Wochen ganz Deutschland, wieso und weshalb die Bundesrepublik auch bei abnehmender Bedrohung aus dem Osten die Kompetenz zur Fertigung eines Kampfflugzeuges weiterhin braucht. Die Kampagne ist perfekt. Im »Spiegel« darf Dasa-Pilot Jürgen Schrempp seine

Argumentation breittreten. Für Grosse-Leege ist das Interview im »Spiegel«, der bis dato den Jäger 90 überaus kritisch begleitet hat, der Schlüssel: »In diesem Fall muß ich doch nicht die ›FAZ‹ überzeugen.«

Geht es um problematische Werkschließungen, schafft es Grosse-Leege schon mal, seinen Chef an einem Tag gleichzeitig in drei Tageszeitungen mit einem Interview zu positionieren.

Doch zuweilen führt der Aktionismus zur Verwirrung: »Ist Jürgen Schrempp ein Sozialdemokrat?« fragten sich beispielsweise die »Stuttgarter Nachrichten« im Herbst 1994. Im SPD-Parteimagazin »Vorwärts« erschien eine ganzseitige Anzeige. Im Stil der gängigen Imagewerbung von Konzernen wird darin Jürgen Schrempp porträtiert. Die Überschrift lautet schlicht: »Der Kommunikator«. Es folgt eine außerordentlich freundliche Beschreibung einer Karriere »quer durch den Daimler-Benz-Konzern«. Der Chef der Deutschen Aerospace (Dasa) wird als Manager beschrieben, der »anstehende Probleme im Laufschritt löst«, die Firma durch Kommunikation führt und bei den oft heiklen Beschaffungsprogrammen der Bundeswehr das offene Gespräch mit allen Beteiligten sucht. Selbst mit der Opposition: »Schrempp und Scharping wurden auf diesem Weg gute Bekannte.« Auch sein Engagement in Südafrika für schwarze Arbeitnehmer wird wohlwollend erwähnt, ebenso die guten Beziehungen zu den Betriebsräten im Daimler-Konzern.

Schließlich wird Schrempps Verhältnis zu den Sozialdemokraten erläutert. Zwar gebe Schrempp nicht so demonstrativ wie »sein Vorgänger« (Edzard Reuter hat ein SPD-Parteibuch) seine politische Heimat preis: »Offiziell ist er parteilos.« Aber er habe oft genug bewiesen, daß ihm die Anliegen der Arbeitnehmer nicht fremd seien. Es kommt noch mehr: »Erblich könnte er doch belastet sein. Sein Bruder ist SPD-Abgeordneter im baden-württembergischen Landtag. Und der wird ihm dann schon sagen, wann der Tag gekommen ist, an dem Jürgen Schrempp einmal festen Boden unter den Füßen zu verlieren droht.« Es folgt ganz klein ein Hinweis: »Anzeige«. Auf der Seite nebenan wirbt die Dasa für Dornier-Flugzeuge.

Grosse-Leege schafft es – mit allen Mitteln –, Schrempp als Nachfolger für Edzard Reuter zu profilieren. Mercedes-Chef Helmut Werner, der 1987 von Alfred Herrhausen mit dem Versprechen geködert wurde, Reuters Nachfolger werden zu können, hält sich in dieser Zeit zurück. Seit dem gewaltsamen Tod des Aufsichtsratsvorsitzenden Alfred Herrhausen 1990 fehlt ihm der starke Rückhalt im Kontrollorgan. Doch dafür wird im Laufe der Jahre immer offensichtlicher: Je erfolgreicher Werner das Autogeschäft managt, um so blasser erscheinen die anderen Bereiche des Konzerns. Trotzdem: Werner fehlt die Unterstützung von Edzard Reuter. Der nämlich weiß: Hätte sich Werner gegen sein Protegé Schrempp durchgesetzt, wäre seine Vision von einem integrierten Technologiekonzern noch früher gescheitert.

Aber dem ist nicht so. Schrempp und Grosse-Leege nutzen die Situation. Grosse-Leege propagiert den »strategischen Dialog«, die regelmäßige Kommunikation des Vorstandes mit den Führungskräften und Aufsichtsratsmitgliedern. Nur einmal macht Schrempp einen Fauxpas – der ihn beinahe den Kopf kostet. Bereits im Sommer 1993 läßt er offen durchblicken: Der Stratege Reuter müsse noch in diesem Jahr durch einen Realisierer ersetzt werden, einen Mann wie ihn. Schrempp fordert: »Ein Unternehmen für unterschiedliche Zeiten braucht auch unterschiedliche Managertypen.«

Schrempp verfügt über Fähigkeiten, an denen es Edzard Reuter mangelt. Die Kopfgeburt eines Technologiekonzerns in die Realität umzusetzen erfordert, Fabriken zu schließen und unfähige Manager zu entlassen. Jürgen Schrempp kann das. Wer bei ihm nicht so tickt wie er, von dem trennt er sich rigoros. Bei der Dasa wechselt er die Hälfte des Topmanagements aus. Er

weiß, was machbar ist, spürt Zukunftsmärkte auf und bringt in wichtigen Verhandlungen seine Kontrahenten – selbst aus Betriebsrats- und Gewerkschaftskreisen – zusammen.
Am 29. Juni 1994 hat sich Jürgen Schrempp durchgesetzt. Der Aufsichtsrat unter Vorsitz von Hilmar Kopper wählt ihn zum neuen Vorstandsvorsitzenden der Daimler-Benz AG. Mit Ablauf der Hauptversammlung am 24. Mai 1995 ist es offiziell soweit: Schrempp tritt die Nachfolge seines Förderers Reuter an. Doch Schrempp kann nicht warten: Bereits vom 20. Oktober 1994 an schaltet er sich aktiv in die Konzerngeschäfte in Stuttgart ein.
Helmut Werner indes kann die Niederlage verkraften. Er macht gleich von Anfang an deutlich, daß er sich bei Mercedes nicht reinreden läßt. Reuter antwortet auf die Frage: »Also hatte Werner nie eine Chance?« diplomatisch: »Helmut Werner hat es geschafft, daß die Mercedes-Benz AG, der unbestritten wichtigste Unternehmensbereich unseres Konzerns, binnen Jahresfrist wieder Anschluß an ihre alte Ertragskraft gefunden hat. Für den gesamten Konzern ist Helmut Werner als Chef unseres Automobilbereichs unverzichtbar.«
Das sieht auch Jürgen Schrempp so.
Jetzt kommt es auf den neuen Daimler-Benz-Vorsitzenden an. Vermag er das Unmögliche: Schafft er den personellen, technologischen und politischen Spagat? Bleibt er seinem Förderer Edzard Reuter treu, oder nutzt er den Freiraum und trimmt Deutschlands größten Konzern auf neuen Kurs?

»Wir müssen das, was wir denken, auch sagen.
Wir müssen das, was wir sagen, auch tun.
Und wir müssen das, was wir tun, dann auch sein.«
Alfred Herrhausen

Seine Philosophie

Was ist von Jürgen Schrempp zu erwarten? Wie lautet seine persönliche Philosophie? Wie ist seine Konzernstrategie? Was ist das Besondere an seinem Führungsstil? Wohin führt er das Unternehmen im Ausland, und wie will er es im Inland präsentieren? Eine Analyse von fast fünfzig Interviews, die der neue Daimler-Benz-Chef in den letzten Jahren gegeben hat, zeigt, wo es langgeht.

»Ohne unternehmerisches Risiko würde mir die Arbeit keinen Spaß machen.«
»Wenn Sie mich fragen, welche Aufgabe ein Vorstandsvorsitzender in einer Aktiengesellschaft hat, dann gibt es vor allem zwei Punkte, die er zu erfüllen hat: ein entsprechendes Ergebnis für die Kapitalgeber zu erwirtschaften und die Finanzmittel zu verdienen, die nun einmal für Zukunftsinvestitionen nötig sind.«
»Man muß sich jeden Tag erneut selbst klarmachen, worin die eigene Aufgabe besteht, welches Ziel man vorgegeben hat und wie man es erreicht. Zum einen ist das zukunftsorientiertes, also strategisches Denken und dann natürlich die entsprechende Umsetzung. Zum anderen ist es das Bemühen, ein Unternehmen gewinnbringend zu führen. Denn ein Unternehmen, das Gewinne macht, das nach dem Shareholder-Value-Prinzip arbeitet, ist das sozialste Unternehmen überhaupt: Es erhält Arbeitsplätze und baut neue auf.«
»Es kann keinen Stillstand geben. Der Mensch bewegt sich

immer weiter. Gott sei Dank ist er so ausgelegt, daß er sich immer weiterbewegen möchte, immer mehr wissen möchte. Dabei kann man natürlich auch mal auf die völlig falsche Fährte geraten. Aber darin liegt doch gerade die Herausforderung. Wenn alles gottgegeben wäre oder wenn man von vornherein wüßte, daß es klappen würde, fehlt doch der Reiz, es überhaupt zu versuchen. Ein bißchen Spannung muß schon sein, sonst macht die Arbeit keinen Spaß.«

»Ich halte grundsätzlich nichts von formalisierten Managementtechniken. Ich spreche hier von meinem ureigenen Stil. Ich habe jede Woche mindestens ein oder zwei Tage reserviert für Gespräche.«

»Als Chefs deutscher Unternehmen sind wir sehr viel stärker in den operativen Ablauf eingebunden als japanische Topmanager. Am Wochenende setze ich mich manchmal mit einem weißen Blatt hin und schreibe auf, wie ich meine Zeit verbracht habe. Dann sehe ich immer, wieviel effizienter ich noch hätte arbeiten können. Wir sollten uns tatsächlich auch mehr Zeit für Gespräche nehmen.«

»Die Japaner verstehen besser als wir, daß fünfzig Prozent der Leistungsfähigkeit und Flexibilität eines Unternehmens mehr im Bauch und Herz als im Gehirn seiner Mitarbeiter stecken. Meist liegt unser Fehler im Management daran, zu rational an die Themen heranzugehen.«

»Ich bin mir im klaren darüber, daß meine Tätigkeit sehr viel politischer ist als viele andere Jobs und daß man sich als Unternehmer nicht aus der politischen Verantwortung stehlen sollte. Sie dürfen mich ruhig an meinen Worten messen.«

Seine Konzernstrategie

»Natürlich hat die Wirtschaftlichkeit erste Priorität, daran gibt es überhaupt keinen Zweifel. Und damit ist auch klar, daß wir nichts tun wollen, was nicht wirtschaftlich ist und nur dem Prestige dient.«

»Eine Vision haben heißt, daß man vom derzeitigen Standpunkt aus ein Ziel anvisiert, das man in fünf oder zehn Jahren erreichen soll.«

»Was nützt es uns, tolle Visionen und Gedanken zu haben, womit wir im Jahre 2010 Geld verdienen könnten, wenn bis dahin das Unternehmen wirtschaftlich nicht überlebt? Wir müssen jährlich ein gutes Ergebnis vorlegen, eine Dividende und die notwendigen Investitionen erwirtschaften. Wir müssen Arbeitsplätze schaffen, Arbeitsplätze sichern und die sozialpolitischen Pflichten des Unternehmens erfüllen.«

»Zu dem Zeitpunkt, wo Sie etwas erforschen oder wo kreative Ingenieure daran arbeiten, können Sie möglicherweise objektiv gar nicht übersehen, was da zum Schluß rauskommt. Aber wenn zu einem Zeitpunkt ersichtlich wäre, daß Handlungen, im technischen oder unternehmerischen Bereich, für die Gesellschaft und für die Menschen schädlich sind, dann wäre, unabhängig von Gewinnmöglichkeiten, meine Haltung eindeutig: Dies kann und darf es in unserem Unternehmen nicht geben. Diese grundsätzliche Aussage gilt auch und ganz besonders für das Thema Rüstungsexporte.«

»Die Tradition des Hauses Daimler-Benz zeigt eine enorme sozialpolitische Verantwortung. Wenn wir uns immer nur an die betriebswirtschaftliche Lehre gehalten hätten, dann hätten wir zum Beispiel in der Vergangenheit im Nutzfahrzeugbereich Fabriken schließen müssen. Statt dessen haben wir Mitarbeiter aus dem Nutzfahrzeugbereich in die Pkw-Fabriken geschickt.«

»Das Autogeschäft wird, vor allem in dem Segment, in dem wir tätig sind, noch viele, viele Jahre höchst erfolgreich sein, aber voraussichtlich nicht mehr die Wachstumsraten aufweisen wie in der Vergangenheit. Wir müssen also Vorsorge leisten. Und da halte ich es mit Edzard Reuter und Werner Niefer: Die

Luft- und Raumfahrt ergänzt am besten unser bisheriges Arbeitsgebiet, sie entspricht am besten unserem Anspruch, Spitzentechnik zu liefern.«

»Wir wollen durch die Neuordnung der Luft- und Raumfahrtindustrie mehr Systemführerschaft nach Deutschland holen, damit alle etwas davon haben, auch der Mittelstand. Jeder weiß, wie eng verknüpft der Konzern mit dem Mittelstand arbeitet – über fünfzig Prozent des Einkaufsvolumens läuft über ihn.«

»Wir müssen uns Aktivitäten leisten, die erst in ferner Zukunft wirtschaftlich betrieben werden können. Die nennt man heute vielleicht Prestigeprojekte, in zwei Jahrzehnten wird man von der Weisheit derer sprechen, die sie rechtzeitig angedacht und auf den Weg gebracht haben.«

»Die Bedeutung und Notwendigkeit, im wirtschaftlichen und ökologischen Sinne regenerative Energien auszubauen, ist das zentrale Thema am Ende dieses Jahrhunderts. Und wer sagt, daß wir nicht in der Lage sind, damit in absehbarer Zeit sehr nahe an die Wirtschaftlichkeit anderer Energieträger heranzukommen oder sie sogar zu übertreffen?«

»Alles muß in einem guten Verhältnis zur Umwelt geschehen. Das heißt, wir müssen eine Reihe von Aktivitäten haben, die wir wirtschaftlich umsetzen können und mit denen wir Gewinn machen. Dann müssen wir uns zur Zukunftssicherung leisten können, eine Reihe von Aktivitäten zu verfolgen, die uns nach zehn, fünfzehn, zwanzig Jahren erst Ertrag bringen. Jeder hat seine Berechtigung. Was wir brauchen, ist ein verzahntes Verkehrssystem, in welchem die verschiedenen Verkehrsträger zusammenwirken.«

»Ein privatwirtschaftlich geführtes Unternehmen kann weder Standort- noch Arbeitsplatzgarantien geben.«

»Wir bieten Arbeitszeitverkürzungen um zwanzig oder dreißig Prozent nur an, wenn es dafür keinen Lohnausgleich gibt. Wir sind nicht dazu bereit, flächendeckend ein Modell nach VW-

Muster anzubieten, zumal deutlich wird, daß das VW-Modell nicht zu einer Senkung der Stückkosten, sondern zu einer steigenden Kostenbelastung führt. Für uns ist ganz entscheidend, daß bei jeder Flexibilisierung von Arbeitszeit keine zusätzlichen Kosten entstehen, die unsere Wettbewerbsfähigkeit weiter beeinträchtigen würden.«

Sein Führungsstil

»Früher hat man das Unternehmen im Gremium des Vorstandes geführt, mehr oder weniger gut vorbereitete Entscheidungen getroffen und dann von oben umgesetzt. Heute haben wir als Topführungskräfte gelernt, in den Prozeß des Denkens und der Lösungsfindung im Unternehmen hineinzugehen.«
»Die Mitarbeiter im Unternehmen müssen die Ziele des Managements kennen und verstehen; dann werden sie sich auch damit identifizieren.«
»Erst wenn alle Mitarbeiter den Beweis erhalten haben, daß sich das Topmanagement für den Beitrag jedes einzelnen interessiert und sich mit ihm auseinandersetzt, kommt der Zug voran.«
»Wichtig ist, daß sich die heutigen Führungskräfte auch in Zukunft in einer verantwortungsvollen Position wiederfinden und dann eine klar definierte Aufgabe haben. Dann ist das Zusammenspiel zwischen der juristischen Einheit, sprich Gesellschaft, auf der einen Seite und der geschäftsfeldorientierten Arbeit viel leichter.«
»Das qualitative Sichern der Informationsflüsse wird zum zentralen Erfolgsfaktor für das gesamte Unternehmen und ist eine vorrangige Managementaufgabe.«
»Kommunikation findet einmal statt im formellen Sinne über Mitteilungen und Mitarbeiterzeitungen. Das ist aber nur ein

Teil. Bei uns zählt in hohem Maße das persönliche Gespräch. Sie müssen überzeugen und dürfen nicht glauben, daß Vorstandsentscheidungen bedingungslos akzeptiert werden. Wir sind in ganz extremem Umfang auf die kritischen Potentiale angewiesen und müssen dafür sorgen, daß neben die Detailinformationen noch ganzheitliche Informationen treten.«

»Die Verantwortung soll möglichst nicht auf viele Gremien verlagert werden. Vielmehr soll die Einzelperson wieder mehr in die Verantwortung gebracht werden.«

»Unternehmensführung im dezentralen Sinne: Verantwortung weitergeben und Freiräume schaffen. Ich kann und ich werde den Experten nicht hineinsprechen, aber ich werde ihre Ergebnisse sehr wohl prüfen und sie gegebenenfalls hinterfragen.«

»Für den Ingenieur ist es nicht ausreichend, sich vor einer Entscheidung nur Sachkenntnis anzulesen. Er muß weg vom Schreibtisch, tatsächlich vor Ort gehen und mit den Leuten in den Büros, in den Werkhallen oder in den Entwicklungszentren sprechen. Er muß entscheidungsfreudig sein mit allen Chancen und Risiken.«

»Wir lassen im eigenen Unternehmen vieles von einem roten und einem blauen Team entwickeln. Diese beiden Teams präsentieren unabhängig voneinander ihre Ideen und Entwürfe. Danach entscheiden wir, welche die beste Lösung ist. Oft ist es eine Kombination aus beiden Vorschlägen. Ebenso läuft es in einem internationalen Konsortium ab.«

Seine Deutschlandpolitik

»Unternehmensführer haben eine politische Verantwortung. Sie müssen sich den politischen Fragen stellen, müssen polarisieren und ihren Standpunkt vertreten.«

»Die für Deutschlands Zukunft elementaren Themen sollten überparteilich diskutiert werden können. Entschieden werden muß von der Politik. Doch sind Auswahlprozesse vorzuschalten, die sich an den Bedürfnissen der Menschen im Jahre 2000 zu orientieren haben.«

»Daimler-Benz ist eingebunden in einen sozialen und volkswirtschaftlichen Verantwortungsrahmen: Je größer ein Unternehmen ist, desto kritischer wird es von der Öffentlichkeit begleitet; zu den Kontrollmechanismen des Marktes kommt eine besonders intensive Kontrolle durch die Öffentlichkeit hinzu.«

»Es gibt wenige Politiker, die gewählt werden und dann zu ihren Wählern sagen: Ich mache das, was für euch gut ist, und nicht das, was ihr wollt. Ich habe sehr selten Politiker in Deutschland getroffen, die sagen: Ich kann den Nutzeffekt für gewisse Dinge im Grenztechnologiebereich nicht nachvollziehen und nicht nachweisen und auch nicht rechnen. Ich setze mich aber trotzdem voll für diese Zukunftsprojekte ein, weil ich der Meinung bin, ein Land wie die Bundesrepublik Deutschland muß einfach mit dabeisein, und zwar als Industrienation an vorderster Front.«

»Uns fehlt eine neue Dimension im Dialog zwischen Politik und Industrie. Ziel eines solchen Dialogs muß eine Industriepolitik im Sinne der Konsensfindung zwischen Politik und Wirtschaft sein, zum Beispiel beim Festlegen der Rahmenbedingungen. Soweit ein Dialog stattfindet, ist er noch immer nicht befreit vom negativen Beigeschmack des Lobbyismus. Dabei wäre es höchste Zeit, daß sich Politiker, Unternehmer und Gewerkschaften an einen Tisch setzen und sich ganz einfach fragen: Wo soll dieses Land eigentlich hin?«

»Wir müssen uns darüber klarwerden, daß wir uns nicht länger in einem regionalen Wettbewerb befinden, sondern in einem globalen. Wir können den Standort Bundesrepublik nur wettbewerbsfähig erhalten, wenn wir endlich die richtigen Rahmenbedingungen schaffen. Wir haben jahrelang über unsere Verhältnisse gelebt. Das können wir korrigieren, wenn alle

Beteiligten, also Gewerkschaft, Industrie und Politik, das wirklich wollen. Ich bin nur nicht sicher, ob der Leidensdruck schon so groß ist, daß dazu tatsächlich alle bereit sind.«

»Zu Geschäften, die nicht ganz legal sind, muß ›nein‹ gesagt werden. Ich gehe da sogar noch einen Schritt weiter. Selbst wenn beim Auslegen aller Gesetze ein Geschäft möglich ist, muß ein Management trotzdem überlegen, ob es richtig ist, das zu tun, auch wenn es kurzfristig ein Gewinn für das Unternehmen wäre. Aber da gibt es ein ganz großes Problem. Wir dürfen aus der Bundesrepublik in etliche Länder nicht liefern. Da jedoch die Kooperationen mit ausländischen Firmen zunehmen, liefern wir etwa bei europäischen Gemeinschaftsprojekten unseren Teil zu – und unsere Partner in Frankreich oder England exportieren dann das fertige Produkt in Länder, in die wir selber nicht exportieren dürfen. Sind wir moralischer als Franzosen und Engländer? Ich bestreite das.«

Seine Außenpolitik

»Beim Know-how-Transfer von Amerika nach Europa, der zum Teil sehr restriktiv gehandhabt wird, muß eine Zweibahnstraße gebaut werden. Letztlich geht es um gleichberechtigte Partnerschaft. Es versteht sich von selbst, daß in alle Überlegungen die Japaner mit einbezogen werden.«

»Japan wird früher oder später eine wichtige Rolle in der Luft- und Raumfahrt spielen. Da ist es besser, von vornherein eine Verbindung aufzubauen. Wichtig ist, darauf zu achten, daß es zu einem fairen Geben und Nehmen kommt.«

»Wir müssen von Japan lernen, aber wir dürfen Japan nicht kopieren. Zu oft hat man bei uns schon versucht, japanische Formeln direkt zu übernehmen. Statt dessen müssen wir uns anschauen, wie die Japaner vorgehen, und es dann besser machen.«

»Es ist wichtig, daß die Kernkompetenzen der russischen Raumfahrt erhalten bleiben. Über eine zeitliche Distanz gesehen, führt dies zu einem enormen wirtschaftlichen Vorteil. In der Übergangsphase wird eine westeuropäische finanzielle Belastung unausweichlich sein, aber es ist eine wichtige strategische Investition.«
»Was die Nord-Süd-Problematik betrifft, ist es einfach notwendig, im Sinne des industriellen Aufbaus in Afrika Unterstützung zu gewähren. Trotz der Tatsache, daß im Augenblick die Achse Ost–West erste Priorität hat, dürfen wir das Nord-Süd-Problem um Gottes willen nicht vergessen. Das hielte ich für eine Katastrophe, zumal die Entwicklungsländer in Afrika zum Beispiel auf Technik am dringendsten angewiesen sind, um ihre Lebensbedingungen entscheidend zu verbessern.«

Der Konzern und sein Leitbild

»Unsere Arbeit bei Daimler-Benz dient den Menschen und ihrer Umwelt. Wir wollen Güter, Systeme und Dienstleistungen anbieten, die an der Spitze des weltweiten Fortschritts stehen.
Dies erfordert ständige Bereitschaft und Fähigkeit zu technischer, kaufmännischer und sozialer Innovation. Es setzt eine Unternehmenskultur voraus, die anstelle müder Selbstgefälligkeit durch kreative Unruhe gekennzeichnet ist.
Dabei sind wir uns bewußt, daß die Welt nicht mehr einfach und übersichtlich ist. In ihrer Komplexität ist sie voller Chancen, aber auch voller Gefahren. Kleine Ursachen können große Wirkungen nach sich ziehen. Deswegen wollen und werden wir unser Handeln in jeder Richtung sorgsam bedenken und verantwortlich abwägen.
Wir wissen, daß wir es den künftigen Generationen von Menschen schuldig sind, mit den uns zur Verfügung stehenden

natürlichen Ressourcen schonend umzugehen. Diese Verantwortung hat unser Denken und Handeln in allen Bereichen des Unternehmens zu prägen.
Im Mittelpunkt unserer Bemühungen stehen unsere Kunden. Wir sind bestrebt, ihre Erwartungen nicht nur zu erfüllen, sondern sie zu übertreffen. Zusammenarbeit und Wissensaustausch innerhalb aller Bereiche unseres Unternehmens sind zur Erreichung dieses Ziels unverzichtbar.
Genauso wie unseren Kunden fühlen wir uns den Eigentümerinnen und Eigentümern des Unternehmens und seiner Teile, aber auch der Öffentlichkeit im allgemeinen verpflichtet. Die Bereitschaft, sich ständig einem kritischen Gedankenaustausch nach außen wie nach innen zu stellen, gehört dazu.
Wir wollen schneller und besser lernen als unsere Wettbewerber. Dafür brauchen wir nicht nur flexible Organisationsstrukturen, sondern vor allem unternehmerisch denkende Mitarbeiterinnen und Mitarbeiter.
In diesem Sinne sind Mitverantwortung, Selbständigkeit, Kreativität, Leistungsbedürfnis, Teamfähigkeit und Weltoffenheit der Menschen, die bei uns arbeiten, Voraussetzung für unseren Erfolg. Ohne sie kann nichts gelingen. Wir fordern daher ihre individuelle Entwicklung zielstrebig und nach besten Kräften.
Wir sind in allen Teilen der Erde tätig. Weil wir von den Vorteilen eines freien und ungehinderten wirtschaftlichen Austausches für alle Menschen überzeugt sind, setzen wir uns für weltweit offene Grenzen ein. Dabei bejahen wir den Wettbewerb und wollen uns in ihm bewähren. Unser Maßstab ist die Anerkennung, die uns für unsere Arbeit zuteil wird – wirtschaftlicher Erfolg ist ihr unverzichtbarer Bestandteil.
Unsere Einstellung schließt den selbstverständlichen Respekt für nationale Besonderheiten ein. Als internationalem Unternehmen sind uns allerdings Ausgrenzungen jeder Art fremd. Dies gilt nicht zuletzt für die Besetzung von Führungspositionen, bei der wir allen Mitarbeiterinnen und Mitarbeitern, un-

abhängig von ihrem Herkommen, gleiche Chancen gewähren wollen.
Daimler-Benz versteht sich als integrierter Technologiekonzern. Dies bedeutet, daß wir auf Geschäftsfeldern tätig sind, die durch gemeinsame Technologien und Systemstrukturen miteinander verknüpft sind. Besonderes Gewicht legen wir auf unser Können und unsere Erfahrungen in der Verkehrs- und Transporttechnik.
Zu unseren Kerngeschäftsfeldern zählen Straßenfahrzeuge für den Personen- und Güterverkehr, Bahnsysteme, die Luftfahrt, die Raumfahrt, die Verteidigungstechnik, Antriebssysteme, die Automatisierungstechnik, die Energietechnik und Dienstleistungen der Informationstechnologie. Auf diesen Gebieten strebt Daimler-Benz an, jeweils zu den weltweit führenden Wettbewerbern zu zählen.
Mit dem Anspruch auf hohe Wettbewerbsfähigkeit betreiben wir weiterhin in sich geschlossene Spezialgeschäfte, wie etwa Teilgebiete der Mikroelektronik, ausgewählte Finanzdienstleistungen oder den Handel mit Waren. Überwiegend dienen sie zugleich der Verknüpfung unserer Kerngeschäftsfelder.
Jedes unserer Geschäftsfelder wird von einem unserer vier Unternehmensbereiche verantwortet. Mercedes-Benz, AEG Daimler-Benz Industrie, Daimler-Benz Aerospace und Daimler-Benz Interservices debis arbeiten dabei unter dem Dach von Daimler-Benz als geschäftsführender Holding unseres Gesamtunternehmens zusammen.
Die Daimler-Benz AG trägt als geschäftsführende Holding die Gesamtverantwortung für die Geschäftspolitik, die Planung und das Gesamtergebnis des Konzerns. Sie ist verantwortlich für die strategische Ausrichtung, Steuerung, Koordination, Integration, Beratung und Kontrolle der Unternehmensbereiche im Hinblick auf die Gesamtziele von Daimler-Benz.«

4. Kapitel

Das Gewinnerteam

»Es geht nicht um Kontrolle, sondern um unternehmerischen Dialog – zwischen Aufsichtsrat und Vorstand und im kollegialen Vorstand selbst.«
Reinhard Mohn

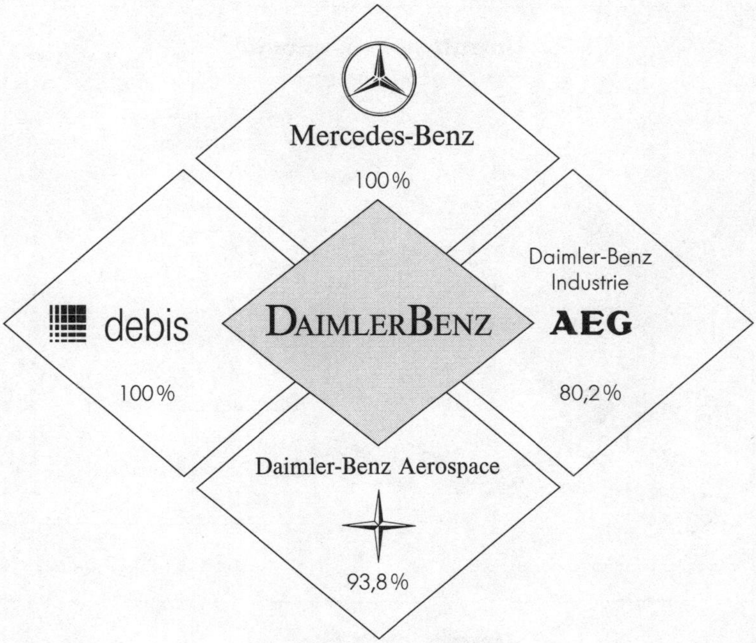

Unternehmensbereich **Mercedes-Benz**	Unternehmensbereich **AEG** Daimler-Benz Industrie	Unternehmensbereich **Daimler-Benz Aerospace**	Unternehmensbereich **debis**
Personenwagen Nutzfahrzeuge	Bahnsysteme Mikroelektronik Dieselantriebe Automatisierungstechnik Energietechnik	Luftfahrt Raumfahrt Verteidigung und zivile Systeme Antriebe Zusätzliche Geschäftsgebiete	Systemhaus Finanzdienstleistungen Versicherungen Handel Marketing-Services Mobilfunkdienste debis Immobilienmanagement

Umsatz nach Regionen Daimler-Benz

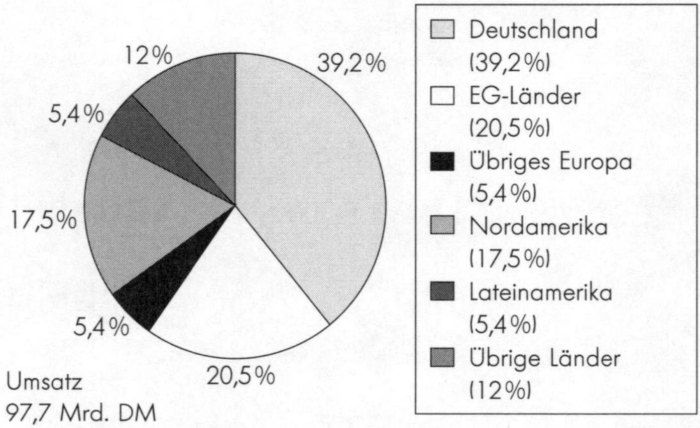

Quelle: Geschäftsbericht 1993 — Deutsche Bank Research

Umsatz nach Sparten Daimler-Benz

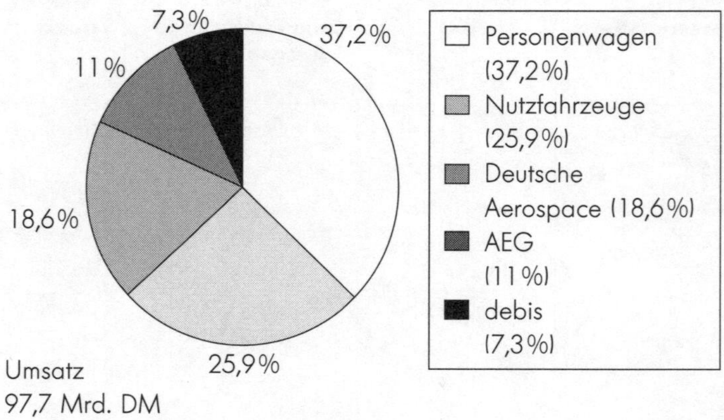

Quelle: Geschäftsbericht 1993 — Deutsche Bank Research

Das Potential

Jürgen Schrempp ist der Coach im Spitzenmanagement von Deutschlands größtem Industriekonzern. Und wie im Topfußball muß er die entscheidende Frage lösen: Spielen wir mit den elf besten Spielern – oder mit der besten Elf?
Gegenüber seinem Vorgänger Edzard Reuter hat er einen großen Vorteil: Während der sein Team fast nur mit Automanagern aus dem Konzern besetzte, hat Jürgen Schrempp Topplayer mit unbezahlbarer Rationalisierungserfahrung:

- Mercedes-Benz-Chef Helmut Werner, der Sanierer,
- Daimler-Benz-Aerospace-Chef Manfred Bischoff, der Rechner,
- debis-Chef Klaus Mangold, der Neuling,
- AEG-Chef Ernst Georg Stöckl, der Verkäufer,
- Finanz- und Personalchef Manfred Gentz, der Analytiker,
- Forschungschef Hartmut Weule, der Wissenschaftler.

Das Potential, das Schrempp im Konzern vorfindet, ist enorm. Dem Markennamen Mercedes-Benz haben die Irrungen und Wirrungen kaum geschadet. Er ist ein unschätzbarer Wert: Unter den 100 großen Markennamen der Welt steht er nach einer Untersuchung von »Landor Agency« auf Platz drei hinter Coca-Cola und Sony, aber vor Kodak, Disney, Nestlé, Toyota, McDonald's, IBM und Pepsi-Cola.
Hinter dem Markennamen Mercedes-Benz verbirgt sich mit über sechstausend Händlern und Servicestationen für Pkw und Lkw eines der größten Vertriebsnetze der Welt. Die Entscheidung, mit neuen kleinen Pkw in neue Marktsegmente zu gehen, wiederbelebt die alte Kraft, die Mercedes zu einem deutschen Wahrzeichen in der Welt gemacht hat. Mercedes-Benz ist der größte Lkw-Hersteller der Welt mit einundvierzig Werken und produziert mit fast 300000 Einheiten rund ein Drittel mehr als die Nummer zwei der Welt.

Airbus (Beteiligung von Daimler-Benz 37,9 Prozent) ist hinter Boeing der größte und am schnellsten wachsende Flugzeugbauer der Welt. Und das wachsende Lkw- und Pkw-Geschäft verspricht wachsende Finanzierungsgeschäfte mit guten Gewinnmargen für die debis. »Aus der Sicht der Aktionäre ist das Schlimmste bei Daimler-Benz überstanden«, analysiert Timothy Plaut von Goldman & Sachs, einem der erfolgreichsten Investmenthäuser der Welt.

Während das interne Daimler-Betriebsergebnis Mitte der achtziger Jahre noch rund vier Milliarden Mark betrug, schloß man 1993 mit einem Verlust von fünf Milliarden Mark ab. Im Gesamtkonzern wird der Stellenabbau zwischen Ende 1991 und Mitte 1995 bei 75 000 Mitarbeitern bzw. 19 Prozent der Konzernbelegschaft liegen. Allein hieraus werden Aufwendungen in der Größenordnung von 6,5 Milliarden Mark jährlich gespart. Mit zusätzlichen Maßnahmen in Materialwirtschaft und Logistik sowie in der Arbeitsorganisation und durch Effizienzverbesserungen bei Forschung und Entwicklung wird das Kostenniveau insgesamt um zehn Milliarden Mark gesenkt.

Aber trotz alledem, Schrempp und sein Team müssen den Umbau der »mentalen Strukturen« und angesammelten Kompetenzen des Unternehmens weiter konsequent vorantreiben. Was nach wie vor fehlt, ist eine gemeinsame Unternehmenskultur bei Daimler-Benz. Der Ausbau des Konzerns wurde von Edzard Reuter »top-down induziert«, wie die Betriebswirtschaftler sagen, also von oben nach unten betrieben. Damit ist es unter Jürgen Schrempp vorbei. Er wird den von seinem Vorgänger favorisierten »integrierten Technologiekonzern« ohne Rücksicht auf seinen Vorgänger zu einem »integrierten Verkehrskonzern« umformen. Damit besinnt sich Daimler-Benz wieder auf seine historischen Stärken: zu Lande, zu Wasser und in der Luft. Was nicht ins Konzept paßt, wird aufgelöst, abgestoßen oder im Konzern neu verteilt.

Zwar behauptet Schrempp bis zur Machtübernahme: »Es wird keine Kurskorrektur geben, vielleicht eine unterschiedliche Gewichtung.« Doch das ist nichts anderes als diplomatisches Geplänkel. Sicherlich wird er den Kurs bei Daimler-Benz nicht radikal herumreißen, aber die Betonung liegt auf »unterschiedliche Gewichtung«.

Das alte, in der Zeit vor Edzard Reuter entworfene Leitbild von Daimler-Benz zählt für ihn nur noch zum Teil. Die Kerngeschäftsfelder Personen- und Güterverkehr, Bahnsysteme, Luft- und Raumfahrt, Verteidigungstechnik und Antriebssysteme passen in das neue Konzept. Überflüssig aber sind die Automatisierungs- und Energietechnik.

Auch die zentrale Forschung bekommt eine andere Rolle zugewiesen. Jürgen Schrempp: »Es gibt viele Bereiche in der Forschung, die zentralisiert viel schneller zum Ziel führen und auch effizienter gestaltet werden können; es gibt aber auch Teile der Forschung und dann auch der Entwicklung, die dezentral in den Bereichen mit Produktnähe durchgeführt werden müssen. Wichtig dabei ist eigentlich nur, daß absolute Transparenz sichergestellt wird, daß Forschung und Entwicklung eng miteinander kommunizieren; dazu gehört aber auch, daß Leute von dem einen in den anderen Bereich versetzt und daß klare Aufgabenzuordnungen durchgeführt werden.«

Die St. Gallener Hochschulprofessoren Peter Gomez und Günter Müller-Stevens stellen in einer internen Untersuchung bei Daimler-Benz fest: »Vieles spricht tatsächlich dafür, daß in naher Zukunft intelligente technische Lösungen nicht ohne breit angelegtes Überschreiten der Grenzen traditioneller (technischer) Disziplinen erreicht werden können. Unterstellt man im gegebenen Fall einmal die historische Notwendigkeit einer Neukonfiguration technischer Einzelkompetenzen, so rückt die Frage in den Vordergrund, ob dieses von einem Konzern besser und schneller zu bewerkstelligen sein wird, als es beispielsweise der Markt organisieren könnte. Letzterer entwik-

kelt ja bereits heute enge Kooperationen zwischen Produzenten verschiedener, ja sogar gleicher Wertschöpfungsstufen.«
Gomez und Müller-Stevens ziehen das Fazit: »Schlüsselfaktor für diesen ›Wettlauf‹ mit einem derartig kooperationsfreudigen Markt wird im Konzern wohl die interne Kooperationsfähigkeit sein, welche die Konzernbereiche bewegen müßte, schneller und effizienter als der Markt auf gemeinsame Weise Technikinnovationen zu entwickeln.«
Die Schlüsselfigur bei Daimler-Benz heißt mithin Hartmut Weule. Seit 1990 versucht der Forschungschef und das Vorstandsmitglied der Konzernholding, einen Flohzirkus mit glänzenden Solisten in ein virtuoses Orchester von Weltformat zu verwandeln. Eine Universität mit angeschlossenem Industriekonzern kann Hartmut Weules Aufgabe aber nicht sein. Vorrangig geht es um Antworten auf Fragen: Wie gut sind die Arbeiten der Forscher im internationalen Vergleich? Stimmen Ausrichtung und Zielsetzung? Ist das Vorgehen effizient genug? In Anlehnung an die Begutachtung der Sonderforschungsbereiche durch die Deutsche Forschungsgemeinschaft und an einige Ansätze in der Industrie schuf die Daimler-Benz-Forschung ein eigenes »Forschungs-Audit«. Dabei wird in einem Forschungsbereich – wie etwa Supraleitung, Werkstoffe oder Verbrennungsforschung – zwei Tage lang von Auditoren alles begutachtet, was einer qualifizierten Bewertung dient. (Als Auditoren werden internationale Spitzenforscher des jeweiligen Gebiets eingeladen.) Nach Abschluß des Audits verfassen die Auditoren schriftliche Gutachten mit Bewertungen und Empfehlungen. Auf Basis dieser streng vertraulichen Gutachten wird über eventuell notwendige Korrekturen und Weichenstellungen entschieden.
Intern bekundet Hartmut Weule, der Professor mit einem Hang zum Höheren (»Wer mich kennt, der weiß, daß ich stets die Spitze anstrebe«), bis 1997 im Amt bleiben zu wollen. Danach möchte er gern an die Universität zurückkehren, weil

er den »Austausch zwischen Industrie und Forschung für besonders wichtig hält«.
Um die Daimler-Benz-Holding mit rund zweitausend Mitarbeitern, davon ca. 1400 Forscher, zu entschlacken, hat Schrempp die zentrale Forschung bereits in eine selbständige GmbH ausgegliedert. Den Rest der aufgeblähten geschäftsführenden Holding mit sechshundert Mitarbeitern will er durch eine mit weniger als vierhundert Mitarbeitern besetzte schlagkräftige Finanz-Holding ablösen. Sie soll sich auf eine gründliche Kontrolle der Tochterunternehmen und eine gezielte Verteilung der Ressourcen beschränken.
Auch wird Schrempp erstmals im Vorstand die Verantwortung nach weltweiten Regionen einführen. Für ihn ist nichts mehr heilig, was noch unter seinem Förderer Edzard Reuter galt. Sein Ziel ist es, Daimler-Benz »nicht nur von der Größe, sondern auch vom Ertrag her zu Deutschlands attraktivstem Unternehmen« im Industriebereich zu machen.

»Wir leben nicht mehr in einer Welt, wo wir Strategien insgeheim durchsetzen können. Das schlägt fehl. Die Menschen sind wissensdurstiger als früher.«
Alfred Herrhausen

Die Gegenmacht

Wenn Daimler-Benz-Chef Jürgen Schrempp auf Karl Feuerstein trifft, beißt er nicht selten auf Granit. Der Interessenvertreter von 300 000 Arbeitnehmern im Konzern hat im näheren Umgang mit den Spitzenmanagern eine ernüchternde Erkenntnis gewonnen. Anfangs, so erzählt er freimütig, habe er großen Respekt gegenüber den Vorständen gehabt. Doch bald entpuppten sich die gutbezahlten und weitgereisten Spitzen-

manager als Menschen, die auch nicht alles besser können. Feuerstein: »Die kochen auch nur mit Wasser.«
Seit mehr als vier Jahrzehnten arbeitet Karl Feuerstein bei dem Stuttgarter Konzern. Seinen Berufsweg beginnt er allerdings nicht im Schwabenland, sondern in Baden. Mitte der fünfziger Jahre tritt er »beim Benz« in Mannheim eine Lehre als Feinblechner an. Schon kurze Zeit darauf wird er Jugendvertreter, später Betriebsrat, dann Betriebsratsvorsitzender des Mannheimer Werkes. Neben seinem Engagement im Betrieb übernimmt er Funktionen sowohl in der Ortsverwaltung der IG Metall als auch in der Mannheimer SPD, für die er 1971 erstmals in den Gemeinderat zieht. 1979 erhält Feuerstein das Angebot, hauptamtlicher Funktionär der IG Metall zu werden. Doch Herbert Lucy, damals Vorsitzender des Gesamtbetriebsrates, setzt alles daran, seinen engen Vertrauten im Unternehmen zu halten. Wie Lucy in seinen Memoiren schreibt, gibt er Feuerstein bereits damals, zehn Jahre vor dem Stabwechsel, zu erkennen, »daß ich ihn als meinen Nachfolger wollte«. Seit 1989 steht der »Mannemer« Feuerstein an der Spitze des Gesamtbetriebsrates von Mercedes-Benz. Zugleich ist er Vorsitzender des Konzernbetriebsrates von Daimler-Benz und stellvertretender Aufsichtsratsvorsitzender von Deutschlands größtem Industriekonzern.
Seine Aufgaben und Ziele als Arbeitnehmervertreter bei Daimler-Benz beschreibt er in einem Gespräch mit der »Wirtschaftswoche«:

Herr Feuerstein, Sie bekleiden so viele Ämter, hetzen von einem Aufsichtsratstermin zum nächsten. Wann haben Sie überhaupt noch Zeit für die Kollegen am Band?
Feuerstein: Ich nutze jede Chance, mit den Beschäftigten zu sprechen. Wer einen Großteil seiner Zeit mit dem Topmanagement des größten deutschen Unternehmens verbringt, der braucht den Kontakt zur Basis.

Hat sich Ihre Arbeit in den 33 Jahren Ihrer Betriebstätigkeit nicht stark verändert?
Feuerstein: Früher haben wir uns in erster Linie mit sozialen Fragen beschäftigt. Da ging es um die materielle Besserstellung der Mercedes-Werker, aber auch um die Lage der Schichtarbeiter oder kranker Menschen im Betrieb. Heute kommen – durch die Einführung neuer Produktionstechniken – neue Gestaltungsmöglichkeiten auf einer ganz anderen Ebene hinzu.

An was denken Sie dabei?
Feuerstein: Die aktuelle Diskussion um die schlanke Produktion hat uns die Chance gegeben, Projekte wie Gruppenarbeit und selbstbestimmtes Arbeiten anzugehen. Ich habe als junger Mann erlebt, wie wir in der IG Metall für eine Humanisierung der Arbeit gekämpft haben, doch wir sind damals gegen Wände gelaufen. Und jetzt ist es auf einmal Managementstrategie, verkrustete Hierarchien aufzubrechen, die Monotonie am Arbeitsplatz aufzulockern und Verantwortung von oben nach unten zu verlagern ...

... um damit Jobs wegzurationalisieren.
Feuerstein: Wenn mit Hilfe neuer Organisationsformen produktiver und kostensparender gearbeitet wird, gehen auch Arbeitsplätze verloren. Ohne sie noch mehr. Deshalb ist es gerade Aufgabe der Betriebsräte, dafür zu sorgen, daß Gruppenarbeit nicht zum reinen Rationalisierungsinstrument wird. Beim Bau des Mercedes-Werkes in Rastatt haben wir deshalb auch eine Projektgruppe eingerichtet, in der sich Betriebsräte und Management über die innere Ausgestaltung der Fabrik ausgetauscht haben.

Betriebsräte als Fabrikplaner?
Feuerstein: Arbeitnehmervertreter müssen sich heute mehr und mehr um typische unternehmerische Entscheidungen

kümmern, wenn es gilt, Arbeitsplätze zu sichern. Und da gehören zum Beispiel auch ein Stück weit Produkt-, Preis- und Standortpolitik dazu.

Sie bestimmen über die neuen Modelle von Mercedes mit?
Feuerstein: Früher haben wir es dem Unternehmen überlassen, was für Autos produziert und wie teuer sie verkauft wurden. Heute schöpfen wir alle Möglichkeiten aus, um Einfluß auf die Produkt- und Preispolitik zu nehmen. Letztendlich gefährdet eine falsche Modellpalette ja unsere Arbeitsplätze.

Und die Manager hören auf Sie?
Feuerstein: Bei der Frage, ob Mercedes-Benz zwei Mittelklassewagen – einen in der 200er und einen in der 300er Baureihe – anbieten soll, haben wir zum Beispiel klar Position gegen die Doppellösung bezogen. Denn zwei Wagen dieser Klasse belasten die Bänder, und Mercedes hat kein Produkt, das auch in großer Stückzahl verkauft werden kann. Wir haben die Position derjenigen im Vorstand gestärkt, die diesen Weg ebenfalls für falsch hielten. Jetzt kommt 1995 nur ein Mittelklassewagen auf den Markt.

Ihre Einmischung bei der Sicherung des Standortes Rastatt hat dazu geführt, daß alle Mercedes-Mitarbeiter auf Lohn verzichten mußten.
Feuerstein: In Krisenzeiten – und da verrate ich nichts Neues – sind Arbeitnehmer und Betriebsräte nun mal erpreßbar. Aber wichtig ist doch, was wir im Gegenzug erreicht haben: Der Konzern verzichtet eineinhalb Jahre auf betriebsbedingte Kündigungen, und die A-Klasse wird nicht im Ausland, sondern in Rastatt gebaut. Im übrigen hat der Mercedes-Betriebsrat im vergangenen Jahr auch dafür gesorgt, daß die neuen V6- und V8-Motoren in Untertürkheim und die Sportwagenversion der C-Klasse in Bremen gebaut werden.

Haben Sie keine Sorge, zu stark in die Rolle des Managers zu geraten?
Feuerstein: Mir wird im Unternehmen manchmal vorgeworfen, daß ich mich als Schattenvorstand profilieren möchte. Das ist nicht meine Absicht. Doch wenn die Mitbestimmung, wie wir sie in Deutschland haben, einen Sinn haben soll, dann müssen wir Betriebsräte uns im Rahmen unserer Aufsichtsratstätigkeit auch um solche Themen kümmern. Insofern machen wir ein Stück weit Co-Management – aber ich betone: für die Arbeitnehmer.

Früher sollten die Betriebsräte, um im Gewerkschaftsjargon zu bleiben, Gegenmacht im Betrieb sein. Ist das vorbei?
Feuerstein: Im Gegenteil: Ich fülle den Begriff erst richtig aus. Für mich bedeutet Gegenmacht, daß der Betriebsrat die Interessen der Beschäftigten über seine Mitbestimmungsfunktion im Unternehmen einbringt.

Andere Gewerkschafter sehen das aber ganz anders.
Feuerstein: Die konfliktbetonte Auseinandersetzung mit dem Klassenfeind war in bestimmten Phasen der deutschen Arbeiterbewegung sicherlich richtig. Doch das genügt heute nicht mehr: Die Leute im Betrieb wollen mehr. Sie haben ein feines Gespür, ob da einer nur wilde Reden auf der Betriebsversammlung hält, aber im übrigen im Unternehmen nichts umsetzt. Als Betriebsrat müssen Sie sich heute aktiv mit den Argumenten der Gegenseite auseinandersetzen und dann durch eine fundierte, sachliche Politik Gegenmacht ausüben.

Daimler-Benz-Chef Jürgen Schrempp bekommt dies zu spüren, auch wenn er bei Karl Feuerstein persönlich ein hohes Ansehen genießt.

5. Kapitel

Mercedes-Benz: Auf der Suche nach dem Optimum

»In unserem System des Wettbewerbs ist es nun einmal üblich, daß sich jeder bemüht, ein noch verbessertes Produkt auf den Markt zu bringen. Das ist ja ein Grund für den Erfolg der freien und sozialen Marktwirtschaft.«
Eberhard v. Kuenheim

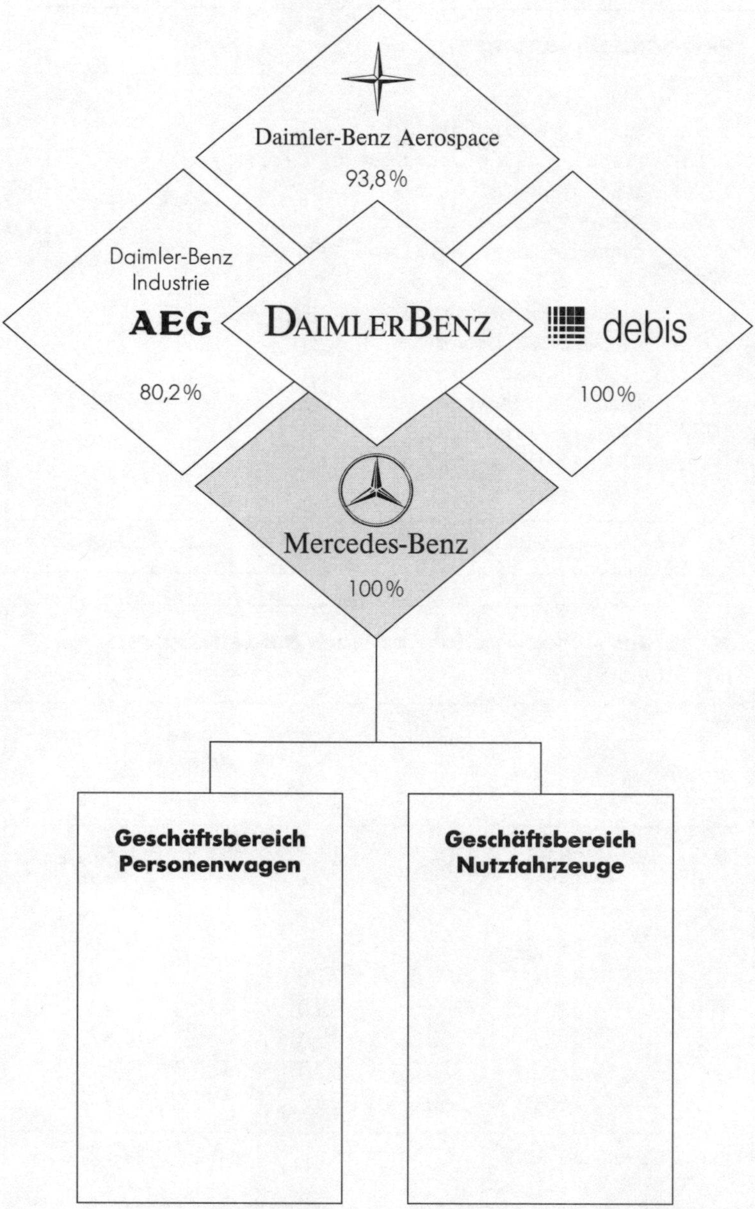
Daimler-Benz Aerospace
93,8 %
Daimler-Benz
Industrie
AEG
80,2 %
DAIMLERBENZ
debis
100 %
Mercedes-Benz
100 %
Geschäftsbereich
Personenwagen
Geschäftsbereich
Nutzfahrzeuge

Pkw-Modellplanung

1991:	Neue S-Klasse
1992:	Neues S-Klasse-Coupé
1993:	Neue C-Reihe – Überarbeitung E-Klasse
1994:	Überarbeitung S-Klasse
1995:	Neuer C-Klasse-Kombi
	Neue E-Klasse – Start Großraumlimousine
1996:	Neues C-Klasse-Coupé
	Neuer E-Klasse-Kombi
	Neuer SLK-Roadster
	Start A-Klasse
	Start Geländewagen (USA)
1997:	Neues E-Klasse-Coupé
	Neues E-Klasse-Cabrio
1998:	Neue S-Klasse

Quelle: Schätzungen | Deutsche Bank Research

Mercedes – Pkw-Produktion nach Modellklassen
(in tausend)

	190er/ C-Klasse	Mittel-klasse/ E-Klasse	S-Klasse/ SL	A-Klasse/ Van, Gelände	Gesamt
1990	181,6	304,7	87,9		574,2
1991	187,6	296,9	93,5		578,0
1992	155,3	275,2	98,9		529,4
1993	163,6	237,8	79,1		480,6
1994*	300,0	190,0	75,0		565,0
1995*	320,0	187,0	83,0	10,0	600,0
1996*	275,0	250,0	85,0	60,0	670,0
1997*	270,0	270,0	80,0	100,0	720,0
1998*	265,0	260,0	95,0	170,0	790,0

Quelle: Geschäftsbericht | Deutsche Bank Research
* Schätzung

Personenwagenumsatz nach Regionen

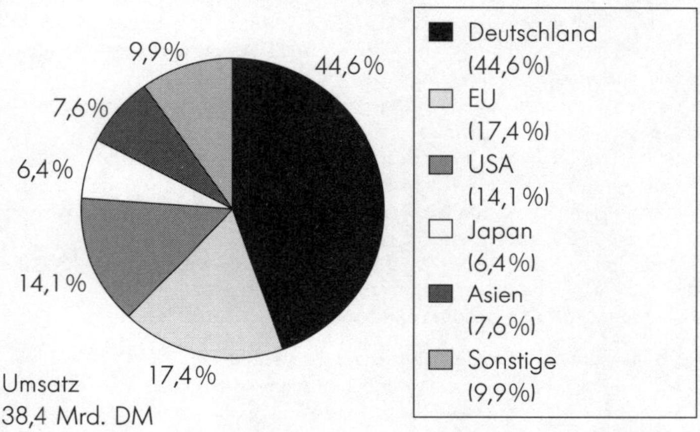

Umsatz
38,4 Mrd. DM

Quelle: Geschäftsbericht 1993

Deutsche Bank Research

Nutzfahrzeugumsatz nach Regionen

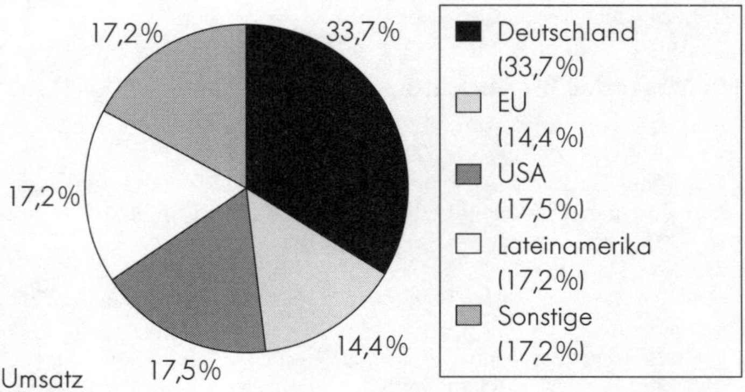

Umsatz
26,2 Mrd. DM

Quelle: Geschäftsbericht 1993

Deutsche Bank Research

Wo Mercedes in Deutschland produziert

Produktionsstandorte im Geschäftsbereich Personenwagen:

- Sindelfingen: Karosserie- und Montagewerk; Zentrales Ersatzteillager; ca. 36 000 Beschäftigte; Produktion C-Klasse, S-Klasse, E-Klasse.
- Untertürkheim: Fertigung von Motoren, Achsen und Getrieben; Gießerei, Schmiede; ca. 18 000 Beschäftigte.
- Bremen: Karosserie- und Montagewerk; ca. 14 000 Beschäftigte; Produktion C-Klasse, SL-Klasse, E-Klasse.
- Berlin: Fertigung von Pkw-Tauschmotoren, Pkw- und Nfz-Motorenteilen, Kleinaggregaten; ca. 3000 Beschäftigte.
- Hamburg: Fertigung von Präzisionsteilen und Kleinaggregaten für Pkw und Nfz; ca. 2500 Beschäftigte.
- Bad Homburg: Fertigung von Motorensteuerungsanlagen; ca. 1000 Beschäftigte.
- Rastatt: ca. 5000 Beschäftigte, Produktion E-Klasse, A-Klasse.

Produktionsstandorte im Geschäftsbereich Nutzfahrzeuge:

- Mannheim: Fertigung von Nfz- und Industriemotoren; Karosserie- und Montagewerk für Omnibusse; Gießerei; Textilfertigung für Pkw; ca. 13 000 Beschäftigte.
- Wörth: Lkw-Montage einschließlich Fahrerhausbau; Fertigung von Kunststoffen; ca. 13 000 Beschäftigte.
- Gaggenau: Karosserie- und Montagewerk für Unimog und MB-trac; Fertigung von Nfz-Getrieben und -Achsen; ca. 9000 Beschäftigte.
- Düsseldorf: Karosserie- und Montagewerk für Transporter; Fertigung von Lenkungen; ca. 7000 Beschäftigte.
- Kassel: Fertigung von Nfz-Achsen; ca. 4000 Beschäftigte.
- Ludwigsfelde: Transporterfertigung; ca. 1900 Beschäftigte.

Wo Mercedes im Ausland produziert

- Mercedes-Benz do Brasil S. A., São Bernardo do Campo (Gruppe) einschließlich SOFUNGE; ca. 21 000 Beschäftigte.
- Freightliner Corporation, Portland/Oregon (USA); ca. 6000 Beschäftigte.
- Mercedes-Benz of South Africa (Pty.) Ltd., Pretoria; Car Distributors Assembly (Pty.) Ltd., East London; ca. 4600 Beschäftigte.
- Mercedes-Benz España S. A., Madrid; ca. 3500 Beschäftigte.
- Otobus ve Motorlu Araclar Sanayii A. S. (OTOMARSAN), Istanbul; ca. 2500 Beschäftigte.
- Mercedes-Benz Argentina S. A. Buenos Aires; ca. 2400 Beschäftigte.
- Mercedes-Benz U. S. International Inc., Tuscaloosa/Alabama (USA); ca. 1500 Beschäftigte.
- Hambach bei Saargemünd (Frankreich): ca. 2000 Beschäftigte; Produktion Micro Compact Car.

Helmut Werner, der Sanierer

Helmut Werner hat es geschafft: Nach seinem Wechsel vom Reifenhersteller Continental in Hannover nach Stuttgart fünf Jahre lang von Daimler-Mitarbeitern mißtrauisch beäugt, wird er vom Aufsichtsrat im März 1992 zum Nachfolger von Mercedes-Chef Werner Niefer gekürt.
Mit seinen Erfolgen als Sparkommissar hat sich Werner, der als Seiteneinsteiger vom damaligen Chef der Deutschen Bank, Alfred Herrhausen, direkt als Niefers Stellvertreter ins Unternehmen gehievt wurde, gegenüber seinen einstigen Kritikern durchgesetzt. Der Diplom-Kaufmann, der eigentlich Wirtschaftsprüfer werden wollte, hat als Lenker der Lkw-Sparte einen der schwierigsten Jobs gemeistert, den das Stuttgarter Unternehmen zu vergeben hat. Werner hätte auch Audi-Chef werden können. Doch »Mercedes ist das automobile Zentrum der Welt. Ein Posten bei Daimler-Benz gilt als große Versuchung für jeden Manager.« Da kann er nicht nein sagen.
Mercedes-Benz ist, gemessen am Jahresumsatz (1993) von 64,7 Milliarden Mark, nach der VW-Gruppe der zweitgrößte Fahrzeughersteller in Europa – noch vor Fiat, Renault, Peugeot, S. A. und BMW. Bei einer reinen Stückzahlbetrachtung nimmt der Konzern bei Pkw in Europa hinter BMW Rang sechs ein. Der Nutzfahrzeugsektor dagegen ist Weltmarktführer bei schweren Lastwagen ab 6 Tonnen Gesamtgewicht und auch der größte Hersteller von Bussen ab 8 Tonnen. Mercedes verfügt weltweit über 55 Produktions- und Montagewerke (davon 13 in Deutschland), von denen neun ausschließlich der Pkw-Sparte und 41 dem Nutzfahrzeugbau zugeordnet sind. In fünf Produktionsstätten werden Teile und Komponenten für beide Sparten gefertigt.
Der Gesamtbetriebsratsvorsitzende Karl Feuerstein vermißt zwar an Helmut Werner die typische Mercedes-Kultur, aber er sieht auch die Vorzüge des strengen betriebswirtschaftlichen

Denkens und Handelns des Rheinländers. Mit dem geborenen Kölner übernimmt erstmals ein Kaufmann das Mercedes-Steuer. Das ist ein deutliches Signal an die Pkw-Mannschaft. Sparen ist auch in den Pkw-Werken angesagt: Die Produktion eines Mercedes kostet nach einer internen McKinsey-Studie 20 bis 40 Prozent mehr als die eines japanischen Fabrikats.
Werner Niefer, der in einer glanzvollen Karriere bei Daimler vom Werkzeugmacherlehrling zum Topmanager aufstieg, hat sich wohl einen besseren Abgang gewünscht. Doch zum Schluß seiner fünfzigjährigen Erfolgsgeschichte in Stuttgart kam »Mister Mercedes« die Fortune abhanden. Schneller als geplant muß er zum Jahreswechsel das operative Geschäft an Werner abtreten. »Das Betriebsklima«, so die IG-Metall-Hauszeitschrift »Scheibenwischer« in der Januar-Ausgabe 1993, »war noch nie so schlecht.«
Werner Niefer hinterläßt seinem Nachfolger ein Unternehmen, das sich viel zu lange auf dem elitären Selbstverständnis ausgeruht hat, die besten Autos der Welt zu bauen und damit für alle Zeiten unangreifbar zu sein. Bis weit in die achtziger Jahre hinein kann der Stuttgarter Traditionskonzern seine weltweit renommierten Automobile trotz hoher Preise fast nach Belieben verkaufen. Wegen der langen Lieferzeiten leisten es sich die Mercedes-Verkäufer, daß die Wagen weniger verkauft als zugeteilt werden. Doch mit der Wirtschaftsflaute Anfang der neunziger Jahre, die nur zeitweise durch den innerdeutschen Nachfrageboom überdeckt wird, kommt die große Ernüchterung: Mercedes-Benz gerät in Bedrängnis. »Der kalte Wind des Marktes«, so ein Mercedes-Manager, »weht auch im oberen Segment.« Dies ist um so gravierender, als das Unternehmen als »Milchkuh« für den unter dem Dach der Daimler-Benz AG entstehenden »integrierten Technologiekonzern« gebraucht wird.
Zwar verkauft Mercedes nach wie vor technisch und qualitativ erstklassige Produkte, doch im Kosten- und Zeitwettbewerb

sind die Schwaben vor allem der japanischen Konkurrenz hoffnungslos unterlegen. Der Anteil der von Mercedes selbst gebauten Teile, die sogenannte Fertigungstiefe, liegt bei über 40 Prozent; die Konkurrenz montiert ihre Autos mit 30 Prozent Eigenanteil. Auch die Entwicklungszeiten sind bei Mercedes viel zu lang: Von der Formfreigabe bis zum Serienanlauf brauchen die Stuttgarter weit über fünfzig Monate. So kommt zum Beispiel der Nachfolger des 190er, die neue C-Klasse, 1993 über ein Jahr zu spät auf den Markt. Auch die mittlere Baureihe, die neue E-Klasse, ist 1995 spät dran.

»Mit unseren überentwickelten Autos preisen wir uns aus dem Markt«, lautet die Fundamentalkritik von Helmut Werner. Er will den Preiskampf mit den Japanern aufnehmen.

Wie schon als Conti-Chef, wo er eine der gewagtesten Sanierungsoperationen der Nachkriegsgeschichte durchführte, forciert Werner auch bei Mercedes die internationale Verzahnung der Fertigung. Von »Zielkosten« ist plötzlich die Rede, was heißt, daß sich die Kosten nunmehr an den am Markt erzielbaren Preisen orientieren müssen. Das ist zwar nicht gerade neu in der Betriebswirtschaft – aber für Mercedes.

Werner will das, was er als Chef der Lkw-Sparte erfolgreich vorgemacht hat, im Pkw-Bereich wiederholen. Den Unternehmensbereich Nutzfahrzeuge entwickelte er zunächst zu einem internationalen Produktionsverbund und schließlich zu einem Verbund von »Heimatmärkten«. Dieses »Multi-domestic-Konzept«, nach dem in den Kundenländern maßgeschneidert für die heimischen und einige benachbarte Märkte produziert wird, erweist sich – im Verbund mit einem massiven Kostensenkungsprogramm – als erfolgreich. Auch die 1991 abgeschlossene Neustrukturierung des Lkw-Geschäfts in Nordamerika schnitt Werner ganz auf die Erfordernisse des dortigen Marktes zu. Die rund achthundert Vertragshändler integrierte er unter dem Dach der 1981 erworbenen Freightliner Corp., die mit 6200 Mitarbeitern 3,5 Milliarden DM umsetzt.

Der Mercedes-Chef kommt in der Arbeit wie im Gespräch sehr direkt auf den Punkt, ohne dabei seinen Charme zu verlieren. Der Sohn eines Bankdirektors weiß, was er will. Aber er fragt auch um Rat: »Die Kunst des Managements besteht darin, die vielen Individuen optimal zusammenzubringen«, mit straff gelenkter Diskussion, die »das Beste nach oben bringt«. »Konstruktiver Konflikt ist die Mutter des Erfolgs« heißt ein anderer seiner Lehrsätze. Doch wenn Werner sich etwas in den Kopf gesetzt hat, kennt er kein Pardon. Der Vorstandsvorsitzende von Mercedes-Benz will dem Stuttgarter Traditionsunternehmen, das in den vergangenen Jahren deutlich an Glanz verloren hat, wieder zu altem Ansehen verhelfen. Und dafür ist der Rheinländer bereit, alle Tabus der Schwaben zu brechen. »Made in Germany« war der Grundstein des Erfolgs der Marke Mercedes. Doch das zählt nicht mehr. Von einem Bekenntnis zum Entwicklungsstandort Deutschland ist die Rede, aber nicht mehr vom »Produktionsstandort Deutschland«. Das neue Qualitätssymbol unter Werner heißt »Made by Mercedes«.
In einer Hausmitteilung (Überschrift: »Strategische Neuausrichtung«) gibt Werner allen Führungskräften des Daimler-Konzerns Ende Januar 1993 schriftlich, wo es langgeht.

Der Achtstufenplan:

① Abbau von über 40000 Arbeitsplätzen zwischen Anfang 1992 und Mitte 1995. Am Ende des Prozesses wird die Pkw-Sparte 78000 und die gesamte Mercedes-Benz AG rund 200000 Beschäftigte zählen.

② Verringerung der Fertigungstiefe von 45 auf 38 Prozent bis 1997/98. Ein neues US-Werk soll nur noch 15 Prozent haben: Mercedes selbst fertigt nur die Motoren, Teile des Getriebes sowie Achsen und montiert die Komponenten. (Kam früher nur ein Zehntel der Komponenten nicht aus Deutschland, soll der Anteil auf über 20 Prozent gesteigert werden. Das macht weit über sechs Milliarden Mark des gesamten Mercedes-Benz-Einkaufsvolumens von 33 Milliarden Mark aus. Besonders aus den USA wird Mercedes mehr Teile beziehen, denn man kann nicht in einem Land für sechs Milliarden Mark Produkte verkaufen und nur für 300 Millionen Mark einkaufen.)

③ Senkung der Entwicklungskosten und Beschleunigung der Entwicklungszeiten bis zur Serienreife durch Simultaneous Engineering. Zum Beispiel soll die Entwicklung der neuen E-Klasse (Marktreife 1995) mit 1,5 Milliarden Mark nur noch die Hälfte der Kosten für die C-Reihe (drei Milliarden Mark) betragen.

④ Verkürzung der Pkw-Modellzyklen von bisher zehn bis elf auf künftig acht Jahre; wird mit der S-Klasse-Nachfolgegeneration (voraussichtlich 1998) umgesetzt.

⑤ Änderungen in der Arbeitsorganisation; unter anderem mittels Gruppenarbeit und flexiblerer Arbeitszeiten (dadurch längere Maschinenlaufzeiten); Wegfall von zwei Hierarchiestufen in der Aufbauorganisation.

⑥ Internationalisierung der Pkw-Fertigung (USA, Mexiko, Korea, Indien) zum Teil via Joint-ventures. Was konkret heißt, Pkw werden nicht mehr ausschließlich in Deutschland montiert, sondern rund um den Globus.

⑦ Erweiterung des Pkw-Programms um zusätzliche Modelle in rasch wachsenden Marktnischen (Großraumlimousine, neuer Geländewagen, kleiner Stadtwagen).

⑧ Die Pkw-Jahreskapazität des Konzerns, die 1994 bei einer Größenordnung von ca. 640 000 Wagen liegt, wird durch die Sortimentserweiterung in die untere Mittelklasse und in Marktnischen gegen Ende des Jahrzehnts bis auf 950 000 anwachsen. Mit der Produktionsaufnahme der Großraumlimousine in Spanien (ab 1995 rund 60 000 Stück pro Jahr), des Freizeit-/Geländewagens in den USA (ab 1997 rund 70 000 Stück pro Jahr) und des Kompaktwagens Mercedes-

A-Klasse in Rastatt /Deutschland (ab 1988 rund 200000 pro Jahr) wird das Fertigungspotential sukzessive ausgebaut.

Das Werner-Papier löst bei vielen Daimler-Managern einen regelrechten Schock aus. »Das kommt«, so ein Mercedes-Manager, »einer Kulturrevolution gleich.« Werner hingegen ist sich seines Erfolgs sicher: »Durch die Aufteilung des Konzerns in selbständige Leistungscenter wachsen echte Unternehmertypen. Da denken Bereichsleiter plötzlich wie Mittelständler mit einer eigenen Fabrik. Das ist eine neue Art Kultur, und die geht wie ein Ruck durch das Unternehmen.«
Ein weiterer Schritt zur Kostensenkung ist die immer engere Zusammenarbeit zwischen den einzelnen Herstellern. Ein Mercedes-Manager: »In einigen Bereichen gibt es Entwicklungen, die wir noch gar nicht glauben wollen.« So wird beispielsweise der Van mit dem Stern in der teuersten Version von einem VW-Sechszylinder angetrieben werden. Eine eigene Entwicklung hätte sich nicht gelohnt. Mercedes vollzieht nach, was die Konkurrenz schon länger vormacht. Opel baut in den Omega einen BMW-Dieselmotor. Im Gegenzug verwendet BMW Automatikgetriebe von Opel. Es geht kreuz und quer in der deutschen Autoindustrie: BMW wird Bleche für Porsche pressen. Porsche fertigt Autos für Audi. VW kauft Getriebe von Ford. Ford ordert Dieselmotoren von VW. Mercedes bezieht Ventile von BMW. VW, Audi, Mercedes und Porsche produzieren gemeinsam Airbags.
Ganz oben auf der Wunschliste künftiger Kooperationen stehen komplizierte Bauteile, die für den Kunden nicht markenspezifisch erkennbar sind, wie etwa Klimaanlagen, elektronische Bauteile oder Lenkungen. Die gemeinsame Lenkungsfertigung von Mercedes mit der ZF Friedrichshafen AG und später auch mit Volkswagen ist richtungweisend. An eine vergleichbare Zusammenarbeit mit anderen Herstellern und Zuliefe-

rern bei der Getriebeproduktion wird in Untertürkheim schon gedacht – nicht jedoch beim Motorenbau. Das Grundprinzip lautet: Wer mit den großen Herstellern der Welt mithalten will, muß Aufträge in Größenordnungen von einer Million Einheiten pro Komponente schaffen.

Unter dem Schlagwort »Tandem« untersuchen Mercedes-Entwickler und Zulieferer gemeinsam Einsparungspotentiale. »Für jede einzelne Baugruppe haben wir uns genaue Kostenziele gesetzt. Gemeinsam mit den Lieferanten beraten Teams, wie die vorgegebenen Werte erreicht werden können«, erklärt ein Mercedes-Manager. Dies habe alte Strukturen aufgebrochen und das Verhältnis zu den Lieferanten verbessert. Die Vorteile für beide Seiten: Der Lieferant bleibt Partner für die gesamte Produktionsdauer, der Hersteller kalkuliert mit konstanten Kosten und gibt Entwicklungsarbeit ab.

Helmut Werner setzt sofort um, was ihm an neuen Ideen vorschwebt. Im März 1992 gibt er eine Machbarkeitsstudie für ein neues geländetaugliches Fahrzeug in Auftrag. Schon im Herbst fällt der Startschuß. Kurz bevor Daimler-Benz am 5. Oktober 1993 seine Aktien mit viel Brimborium an der Wall Street einführt, lüftet Mercedes das Geheimnis des neuen Produktionsstandortes in den USA. Die Wahl fällt auf Tuscaloosa. Dort, in Alabama, wollen die Baden-Württemberger ab 1997 mit 1500 Beschäftigten das All Activity Vehicle bauen – rund 70 000 pro Jahr, davon je die Hälfte für den Export und die USA. Motoren und Schaltgetriebe werden zwar aus Deutschland geliefert, doch stammen rund zwei Drittel der Wertschöpfung aus den USA. Das neue Werk, das unter »Mercedes-Benz U. S. International Inc.« firmiert, ist strikt am Prinzip des Zielkostenmanagements orientiert. Es ist eine eigenständige Gesellschaft mit voller Kosten- und Marktverantwortung – die konsequente Fortführung des Profitcenter-Gedankens. Ein Mercedes-Vorstandsmitglied mit langer US-Erfahrung erläutert: »Wir haben uns erst die Preise der Konkurrenten ange-

sehen und danach unsere Kosten runtergebrochen.« Rund 20 Mark wird für die Arbeitsstunde samt Nebenkosten in den Südstaaten gezahlt. In Deutschland muß Mercedes dagegen mit mindestens 45 Mark die Stunde kalkulieren.
Louis Lataif, Professor an der University School of Management in Boston: »Die Deutschen haben gesehen, wie es die Japaner gemacht haben.« Toyota, Nissan, Honda & Co. sind schon quer durch die USA von Kalifornien bis Kentucky heimisch geworden. Doch selbst wenn die eher bedächtigen Schwaben spät gegen Chrysler, Ford und Mitsubishi antreten, haben sie gute Chancen. Eine interne Marktanalyse kommt zu dem Ergebnis: »Der weltweite Markt für Fahrzeuge dieser Kategorie beläuft sich heute auf rund 2,4 Millionen Einheiten. Auf die USA entfallen davon beeindruckende 55 Prozent oder 1,3 Millionen Autos. Der gesamte westeuropäische Markt liegt demgegenüber nur bei 290 000 Fahrzeugen oder 12 Prozent des Weltmarktes, wobei in Deutschland magere 85 000 Einheiten in diesem Segment verkauft werden, was einem Weltmarktanteil von nicht einmal 4 Prozent entspricht. Der US-Markt ist heute also mehr als fünfzehnmal so groß wie der deutsche. Diese Zahlen machen deutlich, wo in diesem Segment die Trends gesetzt werden. Wir gehen deshalb davon aus, daß wir rund 50 Prozent unserer Jahresproduktion in Alabama auf dem US-Markt absetzen werden. Unser All Activity Vehicle wird also ein Fahrzeug sein, das primär auf die Vereinigten Staaten zielen muß. Deswegen ist es so wichtig zu wissen, was der Kunde in diesem Markt denkt und wie er fühlt.«
Außerdem macht sich Mercedes durch die Standortentscheidung für die USA – wie schon im Lkw-Geschäft – unabhängiger von den ständigen Wechselkursschwankungen des Dollar, was in der Vergangenheit häufig zu Wettbewerbsbeeinträchtigungen geführt hat. Jetzt kann zumindest ein Teil der Währungsschwankungen innerhalb der Mercedes-Benz AG kompensiert werden. Der Mercedes-Chef läßt keinen Zweifel:

»Wenn Sie eine Ware kaufen, dann dort, wo sie am günstigsten ist. Das ist doch normal, oder? Aber auch der Preis allein ist nicht entscheidend. Die Gesamtleistung muß stimmen: Wir müssen dort produzieren, wo unsere Märkte sind. Wir begreifen uns als globaler Hersteller, und deshalb werden wir auch unsere Produktion globalisieren. Bis Ende des Jahrzehnts wird sich der Anteil unserer Auslandsproduktion auf zehn Prozent verfünffachen.«

Zugleich gibt sich Werner Mühe, die um ihre Arbeitsplätze bangenden deutschen Mercedes-Mitarbeiter zu beruhigen: »Ausländische Mercedes-Standorte gefährden nicht die Beschäftigung in deutschen Standorten. Wenn wir jenseits der deutschen Grenzen produzieren, dann in erster Linie, um neue Märkte zu erschließen.«

In Indien etwa will Mercedes zusammen mit der Tata Engineering and Locomotive Co. Ltd. Familienautos bauen. Investitionen für das Projekt: stolze 500 Millionen Mark.

Selbst in der Volksrepublik China bewirbt sich Mercedes um ein von der Regierung ausgeschriebenes Projekt eines »Volksautos«. China will den echten »Volkswagen«. Internationale Autokonzerne sind aufgerufen, Vorschläge für einen Familienwagen einzureichen, der maximal 7500 Mark kosten darf. Das Projekt hat höchste politische Priorität. »Ein Familienwagen signalisiert, daß das Leben des Chinesen sich von bescheidenem Wohlstand zu Reichtum gewandelt hat«, heißt es in einer Studie eines halboffiziellen »Strategischen Entwicklungsforschungsteams«.

1993 wurden in China 300 000 Pkw gefertigt. Für das Jahr 2000 sind 1,35 Millionen geplant, für 2010 gar 3,5 Millionen. Der Umsatz der Kfz-Hersteller und ihrer Zulieferer erreicht dann umgerechnet 250 Milliarden Mark. 15 Millionen neue Arbeitsplätze soll die Autoindustrie bis 2010 schaffen. Schließlich ist das Auto schon in den alten Industrieländern eine Schlüsselindustrie. (Die Montage von Pkw benötigt Lieferungen aus den vielfältigen Branchen, vom Maschinenbau über die Kunststoffverarbeitung, Reifenproduktion und Fensterherstellung bis zur Elektrotechnik und Elektronik. Wie kaum ein anderes Produkt gibt das Auto Anstöße zur Gründung mittelständischer Zulieferbetriebe.)

Neue Märkte erschließen heißt für Helmut Werner auch neue Produkte, konkret gesagt: kleinere Autos. Freilich, was außen klein wirkt, kann sich innen als ausgewachsene Limousine entpuppen. Schon jetzt wirbeln die Begriffe Stadtwagen, Kleinwagen und Kompaktwagen bunt durcheinander. Die Einordnung fällt nicht leicht, da selbst die Definition solcher Begriffe dehnbar ist. Nicht mal die Fahrzeuglänge kann heute als Maßstab dienen. BMW beispielsweise langt kräftig zu und bezeichnet die Kurzversion des Dreiers (4,21 Meter) als »Compact«. Als kompakt dürfen aber auch der VW Golf mit rund 4 Metern und der Opel Corsa mit rund 3,7 Metern gelten.

Erst recht trifft die Bezeichnung auf die Mercedes-Studie A zu. Mit nur rund 3,5 Metern Fahrzeuglänge liegt sie noch unter dem Opel Corsa. Aber der Mercedes-Chef ist mutig. Der Mercedes-Kompaktwagen wird 1997 als A-Klasse mit vier Türen, Heckklappe und fünf Sitzplätzen, mit großzügiger Innenraumvariabilität sowie einer Ladekapazität, die das durchschnittliche Reisegepäck einer Familie faßt, ins Rennen gehen.

Er wird als vollwertiges Familienfahrzeug auftreten und den Mercedes-Komfort bieten, der notwendig ist, um selbst auf längeren Strecken bequem reisen zu können.

Das Mercedes-Stadtauto dagegen wird nicht A-Klasse heißen, sondern vielleicht Micro-Compact-Car (MCC). Zumindest lauten so die Namen von zwei Mercedes-Studien, die als Mitgift in die Kooperation mit der Schweizerischen Gesellschaft für Mikroelektronik und Uhrenindustrie (SMH) eingebracht wurden.

Hinter der SMH (Umsatz 1993: 2,8 Milliarden Franken; Gewinn: 442 Millionen Franken; 14300 Mitarbeiter) steckt der

Retter der Schweizer Uhrenindustrie, der Marketingstratege der Swatch-Uhr: Nicolas Hayek. In dem Gemeinschaftsunternehmen mit der SMH hat Mercedes mit 51 Prozent das Sagen. Geschickt hat es Helmut Werner verstanden, den Eidgenossen Nicolas Hayek, der gerne jede Chance zur Selbstinszenierung nutzt, einzubinden. Ausgerechnet zu seinem Lieblingsthema »Swatch-Mobil« wird Hayek künftig schweigen müssen. Werner verbittet sich jede Einmischung in Schlüsselfragen. Zuviel hat der Schweizer in den vergangenen Jahren, als er noch einen Vertrag mit dem Volkswagen-Konzern hatte, ausgeplaudert. Mal verbreitete er technologische Details des unbekannten Wunderwerkes, dann wieder ließ er Fotografen das angebliche Swatch-Mobil ablichten, um hinterher zu erklären: »Das ist nicht das Swatch-Mobil, sondern nur ein alter Schmöker. Das echte Swatch-Mobil kenne nur ich.« Jetzt kann Hayek nur hoffen, daß die SMH bei den anstehenden Investitionen mit dem Giganten vom Neckar mithalten kann und ihren 49-Prozent-Anteil nicht bei einer eventuell erforderlichen Kapitalerhöhung reduzieren muß.

Das Stadtauto wird kein klassischer Mercedes werden, sondern etwas völlig Neues. Dennoch haben Micro-Compact-Car und A-Klasse eines gemeinsam: ihren hohen Anspruch an die Fahrzeugsicherheit. Jedes für sich soll das sicherste Auto in seiner Klasse werden, lautet das hochgesteckte Ziel der Mercedes-Ingenieure. Ein völlig neuartiges Aufbaukonzept macht es möglich: Statt der üblichen Anordnung von Motor und Getriebe vor der Fahrgastzelle befinden sich die Antriebsaggregate darunter. Bei einem Frontalaufprall dringen sie deshalb nicht in den Innenraum, sondern gleiten unter das Fahrzeug.

Doch lange bevor der City-Car von Mercedes-Benz und Nicolas Hayek 1997 vom Band laufen wird, sorgte der Kleine für Wirbel wie ein Großer. Im Rennen um den künftigen Produktionsstandort wurde von den Interessenten offen und hinter den Kulissen mit allen Mitteln gekämpft. Ein Musterfall der

Standortdiskussion in Deutschland: »Das Ganze gleicht einem Poker«, so ein Insider.
Ihr Interesse, das Swatch-Mobil zu bauen, hatten zu Beginn der Diskussion um den Produktionsstandort das Elsaß, die Tschechische Republik, Österreich, Großbritannien, die Schweiz und außer Baden-Württemberg auch andere Bundesländer angemeldet. Baden-Württembergs Wirtschaftsminister Dieter Spöri (SPD) hatte mit seiner »aggressiven Werbemethode« für Lahr bundesweit Schlagzeilen gemacht. Spöri lockte die Mercedes-Manager offen mit einem »attraktiven Angebot« bei der Standortförderung. Er vergaß auch nicht vorzurechnen, daß die Landesregierung 200 Millionen Mark in den Mercedes-Produktionsstandort Rastatt investiert habe. (Noch unter Ministerpräsident Lothar Späth wurde diese Summe schamhaft verniedlicht.) Damit auch alle verstanden, was Spöri meinte, setzte der Minister nach: »Die traditionell guten Beziehungen zwischen Baden-Württemberg und Mercedes-Benz können keine Einbahnstraße sein.«
Von anderer Qualität war da die »Werbeaktion« des Gesamtbetriebsratsvorsitzenden von Mercedes-Benz, Karl Feuerstein. Er sieht es als einen »Affront« gegenüber der Belegschaft, falls das Swatch-Mobil im Ausland produziert werden sollte. Feuerstein, seit fünf Jahren an der Spitze des Gesamtbetriebsrates von Daimler und Mercedes, sprang sogar über seinen Schatten und berief am Dienstag, dem 12. Dezember 1994, zum ersten Mal eine Pressekonferenz ein. Das Ereignis sei »so außergewöhnlich«, daß er keine andere Wahl habe, als an die Öffentlichkeit zu gehen.
Während am gleichen Tag abends die Konzernvorstände in der Speisemeisterei des Schlosses Hohenheim mit der deutschen und internationalen Presse tafelten und Edzard Reuter mit einem Streifzug durch die deutsche und irische Literatur einen Jahresrückblick gab, verkündete am Nachmittag der Betriebsratsvorsitzende: »Das Swatch-Auto wird nicht in Deutsch-

land, sondern im französischen Hambach in der Nähe von Saargemünd gebaut.«

Feuerstein nutzte die Gelegenheit zur Generalabrechnung mit dem Vorstand: »Diese Entscheidung ist falsch, unsozial und schadet dem Image von Mercedes.« Der Betriebsratsvorsitzende hielt das Argument, daß der Standort Deutschland zu teuer sei, für vorgeschoben. Immerhin habe der Vorstand ein »Mehrfabriken-Konzept« vorgeschlagen. Dies bedeute, daß zu einem späteren Zeitpunkt eine zweite und möglicherweise eine dritte Fabrik für das Swatch-Auto hinzukommen solle. Für die zweite Fabrik habe der Vorstand einen Standort in Deutschland vorgeschlagen. Für Feuerstein stellt sich die Frage: »Wenn die zweite Fabrik in Deutschland denkbar ist, weshalb dann nicht auch gleich die erste Produktionsstätte?«

Die Antwort ist einfach: In der Konzernpolitik spielt Frankreich bei den strategischen Überlegungen eine wichtige Rolle. Daimler-Benz ist in vielen Bereichen, angefangen von der debis bis hin zu den Luft- und Raumfahrtaktivitäten der Aerospace-Sparte, insbesondere aber bei den vielfältigen Aktivitäten im Rüstungsgeschäft, auf ein besonders gutes Verhältnis mit Paris angewiesen. Denn Daimler und die Franzosen sind vielfältige Beziehungen eingegangen:

Luftfahrt:

- Airbus Industries: Dasa und Aérospatiale je 37,9 Prozent;
- Eurocopter Holding: Dasa 40 Prozent, Aérospatiale 60 Prozent;
- NH Industries (Hubschrauber NH 90): Dasa 17,75 Prozent, Aérospatiale 25,44 Prozent;
- Euroflag (Transall-Ersatz): Dasa und Aérospatiale je 20 Prozent.

Raumfahrt:

- Space Systems/Loral (Satelliten): Dasa, Aérospatiale und Alcatel Espace je 12,25 Prozent.

Rüstung:

- Euromissile (Panzer- und Tieffliegerabwehr): Dasa und Aérospatiale je 50 Prozent;
- Euromissile Dynamics Group (Panzerabwehr): Dasa und Aérospatiale je 33,33 Prozent;
- Apache/MAW (Abstandswaffen): Dasa und Matra Marconi Space je 50 Prozent;
- Thomson-Brandt Armement (Munitionssysteme): Dasa und Thomson-CSF je 50 Prozent;
- Bayern-Chemie (Antriebe): Dasa und Thomson-CSF je 50 Prozent.

Antriebe:

- Ziviles Turbofan-Triebwerk: Dasa (MTU) 10 Prozent und Snecma;
- für Kampfhubschrauber Tiger: Dasa und Turbomeca je 40 Prozent;
- für Hubschrauber NH 90: Dasa (MTU) 15 Prozent und Turbomeca.

Edzard Reuter beruhigte Bundeskanzler Helmut Kohl, die Wahl des französischen Standortes richte sich »in keiner Weise« gegen Deutschland, sondern sei »ein Signal für den dringend gebotenen Ausbau der grenzüberschreitenden wirtschaftlichen Zusammenarbeit«.

Die Standortdiskussion am City-Car aufzuhängen ist denn auch grundweg falsch, zumal rund neuntausend Arbeitsplätze neu geschaffen werden. In der Fabrik selbst werden nur maximal zweitausend Mitarbeiter beschäftigt werden, alle anderen Stellen entstehen in deutschen Mercedes-Werken und bei Zulieferfirmen.

Die Entwicklungsarbeiten für das neue Auto, von dem 200 000 Stück anvisiert sind, laufen auf Hochtouren. Das Maßkonzept: zwei Türen, zwei Sitze und hinten eine Heckklappe fürs bequeme Einladen von Einkaufstaschen und Getränkekisten. Mehr braucht's nicht, sagen die Statistiker, die durchschnittlich 1,2 Personen pro Pkw im Stadtverkehr gezählt haben.

Neue Wege geht Helmut Werner auch im Sportwagenbau. Eine erste Studie neuer kleiner Roadster (SLK 220) zeigt Mercedes im April 1994 auf dem Turiner Salon. Die zweite Studie wird einige Wochen später in Paris enthüllt. Eine technische Pionierleistung: Auf Knopfdruck falten zwei Elektromotoren und vier Hydraulikzylinder das Blechdach binnen 30 Sekunden kompakt zusammen und verstauen es in einer Luke unter der Hutablage. Der Vorteil dieser Lösung gegenüber herkömmlichen Cabrios mit Stoffverdeck: Der Zweisitzer ist besser gegen Kälte, Wind und Nässe, aber auch gegen Diebstahl geschützt. Die sich drastisch verschärfende Wettbewerbssituation auf dem Markt der offenen Zweisitzer ist der Grund, weshalb Mercedes bereits zwei Jahre vor Produktionsbeginn den SLK vorstellt: »Wir müssen unsere konservativen Kunden vorbereiten«, erklärt ein Mercedes-Designer.

Aber Helmut Werner plant noch mehr. Der Mercedes-Benz-Chef freut sich, wenn andere im Kreis fahren. Hauptsache: Ein Mercedes liegt vorn. Mit einem neuen Start in der Formel 1 – dank Michael Schumachers Titelgewinn 1994 in Deutschland so populär wie nie zuvor – will Werner zeigen, was in seinen Autos steckt. Den Mann für schnelle Runden hat er auch schon unter Vertrag: Er heißt Roger S. Penske und ist im Hauptberuf Produzent von Lastwagen-Motoren. Seit im Mai 1994 ein Mercedes-Motor in einem Auto des Penske-Rennstalls die legendären »500 Meilen von Indianapolis« gewann, ist Werner von dem Mann überzeugt.

Die Kontakte zwischen ihm und Penske jedoch sind schon älter, schließlich ist Daimler-Benz mit 20 Prozent an Penskes

Unternehmen beteiligt. Gemeinsam mit Penskes Diesel Detroit Corporation entwickelt und vertreibt Mercedes-Benz schwere Dieselmotoren für den amerikanischen Lastwagenmarkt. Mit dem Know-how des US-Partners bringt Mercedes einen neuen Lkw-Motor (»Serie 55«) in den USA auf den Markt. Durch die Zusammenarbeit mit dem Amerikaner spart Mercedes über 100 Millionen Mark Entwicklungskosten. Noch enger als mit Mercedes arbeitet Penske mit der AEG-Tochter MTU zusammen.

Geld für die Spielereien mit Rennwagen hat Penske genug. Der Selfmade-Unternehmer hat aus der 1987 von General Motors für 35 Millionen Dollar übernommenen maroden Dieselmotorenfabrik ein solides Unternehmen mit 1,7 Milliarden Dollar Umsatz gemacht.

Abseits des knallharten Dieselmotorengeschäfts gilt Werners Interesse der feinen Rennmotorenschmiede Ilmor Engineering, an der Mercedes und Penske jeweils mit 25 Prozent beteiligt sind. Von Ilmor kommt auch ein fast konkurrenzloser Antrieb für die Indianapolis-Rennen sowie ein eigens entwikkelter Formel-1-Motor. Mit Marlboro und Mobil liefert Penske die Sponsoren für Daimlers Formel-1-Start gleich mit: Der Rennstall ist das McLaren-Team. Helmut Werner: »Mercedes-Benz kann und wird Motorsport nur ambitiös betreiben. ›Join the best‹ ist unser Motto – dies nicht zuletzt auch mit Blick auf die mit Rennsporterfolgen gespickte Tradition der eigenen Marke.«

Neue Motorsportaktivitäten, neue Autos, neue Werke, neue Organisation – bei Mercedes bleibt kein Stein auf dem anderen. Die schwere Lkw-Klasse wird 1994 modernisiert, 1995 folgt ein neuer Kleintransporter, 1996 wird die große Transporterserie modifiziert, und schließlich kommen 1997 völlig neue leichte und schwere Lastwagen auf den Markt. Rund 15 Milliarden Mark verschlingt Helmut Werners Investitionsprogramm bis zum Ende des Jahrtausends. Mercedes wickelt das

am breitesten angelegte und tiefgreifendste Strukturprogramm in der europäischen Autoindustrie ab.
Ähnlich wie bei den Pkw wird auch die ganze Angebotspalette bei den Nutzfahrzeugen erneuert und soll für zusätzliche Absatzimpulse sorgen.
Helmut Werner ist voller Optimismus: »Ich glaube, wir können es schaffen. Denn eines haben wir früher hierzulande völlig falsch gemacht: Wir haben jahrelang geglaubt, mit immer mehr Investitionen und maximalem Maschineneinsatz immer rationeller arbeiten zu können. Das war ein Irrtum, den wir mit sinkender Kapitalproduktivität und immer höheren Abschreibungen bezahlen mußten. Jetzt merken wir: Weniger ist mehr. Obwohl wir in den nächsten Jahren fast jährlich mit einem neuen Modell kommen, haben wir unsere Investitionen nicht erhöht. Und deswegen wird unsere Gesamtproduktivität aus Organisation, Kapital und Arbeit massiv besser.«
Aber auch wenn es bei Mercedes-Benz wieder aufwärtsgeht, die Zeiten der Superrenditen von 8 bis 10 Prozent Mitte der achtziger Jahre wird selbst Helmut Werner nicht mehr erreichen. Die Analysten von Goldman & Sachs und Deutsche Bank Research kommen beide zu dem gleichen Ergebnis: »Entscheidend für die Gewinnentwicklung bleibt der Markterfolg im hochpreisigen Bereich und hier insbesondere – wegen ihrer überragenden Ertragsstärke – die neuentwickelte E-Klasse und ganz langfristig (nach 1998) die S-Klasse-Nachfolgegeneration.« Den kleineren Wagen messen die Finanzanalysten dagegen nur ein »geringes Ertragspotential« bei. Aus strategischen Überlegungen heraus – zum Beispiel dem Erfüllen der strengeren US-Flottenverbrauchsnormen und kalifornischen Abgasgrenzwerte in den kommenden Jahren oder der in Europa drohenden Einschränkungen für Pkw im Stadtbetrieb – können sie jedoch zusammen mit neuen, verbrauchsoptimierten Antriebskonzepten als Ergänzung der Palette dienen.

Eine Randerscheinung – zumindest unter Ertragsgesichtspunkten – dürfte das nach dem Swatch-Marketingkonzept entwickelte Miniauto bleiben. Der Nutzen beschränkt sich für Mercedes auf eine Imagewerbung bei der jüngeren Kundschaft, denn das brave Allzweckauto und die klassische Reiselimousine verlieren an Boden. Die Zukunft gehört dem passenden Fahrzeug für die passende Gelegenheit. Das heißt: Die Hersteller müssen mehr Nischenpolitik betreiben.
Mercedes zeigt am deutlichsten die bevorstehenden Umwälzungen in der Autoindustrie. Die Stuttgarter wollen fünf zusätzliche Modelle anbieten: zwei Kleinwagen, einen Van, einen Geländewagen und einen Roadster.
Helmut Werner bringt seine Autophilosophie auf den Punkt: »Es wird immer mehr Menschen geben, die zwar ein Auto fahren, es aber nicht besitzen wollen. Bei Lkw ist diese Trennung längst üblich, und dahin geht der Trend auch beim Pkw. Überhaupt funktioniert der Automarkt inzwischen völlig anders: Jahrzehntelang konnte jeder Hersteller für sein Nachfolgemodell mehr verlangen als für den Vorgänger. Das ist vorbei, ein für allemal. Heute will der Käufer für ein besseres und neueres Produkt auch noch weniger zahlen.«
1998, wenn mit dem Micro-Compact-Car und der neuen S-Klasse gleichzeitig der kleinste und größte Mercedes aller Zeiten neu auf dem Markt sind, wird sich zeigen, ob Helmut Werner für Mercedes-Benz das Optimum gefunden hat.

»Ich bin davon überzeugt gewesen, daß die Kombination von Intelligenz und Fleiß ausreicht, um nach oben durchzustoßen.«
Alfred Herrhausen

Erzfeind BMW: Konzentration der Kräfte

In München geht es zu wie in Stuttgart – aber nur zur Hauptverkehrszeit. Regelmäßig morgens und am Spätnachmittag stauen sich die Wagenkolonnen auf dem Mittleren Ring der Bayern-Metropole, ganz besonders vor dem Verwaltungsgebäude der Bayerischen Motoren Werke AG (BMW). Alle Autos stehen still, ganz gleich, ob ein BMW zwölf Zylinder und 300 PS unter der Motorhaube oder ob er einen kleinen Vierzylinder hat. Eberhard v. Kuenheim, Vorsitzender des BMW-Aufsichtsrates, der von seinem Büro im 21. Stock des »Vierzylinders«, wie die Konzernzentrale in München genannt wird, den besten Blick auf diese Szene genießt, fragt sich dann zuweilen: »Wie soll es mit dem Auto weitergehen?«
Seine Antwort: »Sie dürfen die Verdichtungsgebiete in Deutschland nicht als das Maß aller Dinge nehmen. Wir verkaufen ja nur 30 Prozent unserer Pkw in Deutschland. Im US-Staat Utah fahren Sie stundenlang, ohne einem anderen Wagen zu begegnen. Im übrigen ist es ja nicht der Erfolg der Autoindustrie, der das Problem macht, sondern der Mißerfolg des öffentlichen Verkehrs.«
Die Lösung sieht der weltweit dienstälteste Lenker eines Autokonzerns in Verkehrsleitsystemen, computergesteuerten Ampeln und integrierten Verkehrssystemen für die Innenstädte. Ökologisch motivierter Kritik am Auto begegnet er mit dem Hinweis auf die BMW-Forschung für Wasserstoff- und Elektroautos und die Bemühungen um umweltfreundliche Produktionsweisen.

Aber v. Kuenheim wäre nicht Boß der weiß-blauen Marke, würde er nicht weiterhin auf das Auto als Statussymbol setzen und auf freie Fahrt für sportliche, luxuriöse, schnelle Fahrzeuge, die auch schon mal 20 Liter Sprit pro 100 Kilometer schlucken. Und der Markterfolg gibt ihm – ungeachtet aller Kritik am Individualverkehr – recht. Immer hatten die Münchner die richtigen Modelle zur richtigen Zeit. Außer der Achter-Reihe, einem mißglückten Konkurrenzprodukt zum Mercedes SL, leistete sich BMW in den vergangenen Jahren in der Modellpolitik keine Flops.
Bei Amtsantritt v. Kuenheims 1970 produzierte BMW Autos und Motorräder ausschließlich in München, Dingolfing und Berlin. Heute besteht der Werksverbund aus zehn Standorten, davon sieben in Deutschland (München, Dingolfing und Regensburg als Automobilwerke, die Rohkarossen-Fertigung in Wackersdorf, Berlin als Motorrad- und Teilefertigung, Landshut als Teileproduzent, ein Werk zur Herstellung von Preßwerkzeugen in Eisenach). International kommen noch dazu ein Motorenwerk in Steyr (Österreich) sowie ein Werk in Rosslyn (Südafrika), CKD-Montagen in Thailand, Indonesien, Malaysia, Uruguay und Vietnam. Das von v. Kuenheim und seinem Nachfolger konzipierte US-Werk in Spartanburg (South Carolina) liefert ab 1995 Autos »made by BMW« aus. Es ist das erste komplette BMW-Werk außerhalb Deutschlands. Das zweite vollwertige Automobilwerk ist in Südafrika geplant. »Wir werden in Deutschland kein volles Produktionswerk mehr bauen«, so ein BMW-Manager. Die »Wirtschaftswoche« titelte: »Bayern meets the world.« Zu Recht: In Indien produziert BMW Motorräder und will mit dem Partner Majestic Auto Ltd. den Automarkt aufrollen. Und mit Investitionen in zweistelliger Höhe soll in Mexiko der Vorsprung von Mercedes-Benz aufgeholt werden.
Unter v. Kuenheim hat sich BMW von einem traditionsreichen kleinen Automobil- und Motorradhersteller zu einem der größ-

ten deutschen Wirtschaftsunternehmen und zu einer Weltmarke von hohem Ansehen entwickelt: 1970 liegt der Umsatz bei 1,7, 1992 bei 31 Milliarden DM, 1970 werden 161 165 Pkw und 12 287 Motorräder produziert, 1992 sind es 587 980 Pkw (erstmals für kurze Zeit mehr als der Hauptkonkurrent Mercedes) und 35 873 Motorräder. Die Zahl der Mitarbeiter steigt im gleichen Zeitpunkt von 22 900 auf 73 800.
Imponierend ist auch die Rentabilität des Unternehmens. Im Geschäftsjahr 1992 (1991), als die Konkurrenz schon in den Schatten der aufziehenden Rezession auf dem Automarkt gerät, erreicht BMW noch einen Jahresüberschuß von 726 (783) Millionen DM. 1993 erfährt allerdings auch BMW einen deutlichen Ertragsrückgang – man schreibt aber immerhin schwarze Zahlen, während alle Konkurrenten tiefrot bilanzieren. 1994 ist die Ertragsdelle ausgebügelt.
Es anders zu machen als die anderen, mit diesem Rezept hat der Münchner Autokonzern bislang immer Erfolg. Im Gegensatz zu Edzard Reuter, der mit dem Kauf der AEG, des Triebwerkherstellers MTU und der Luft- und Raumfahrtfirmen Dornier und MBB in die vollen geht und das Konzept eines integrierten Technologiekonzerns propagiert, hat der BMW-Konzern außerhalb des Autogeschäfts nur Kleinkram vorzuweisen. Dabei hätte er in früheren Zeiten gern selbst bei MTU, Dornier und MBB zugegriffen. Die in der Zeit der mißlungenen Akquisitionen aufgestellte Maxime – »Konzentration auf unser Hauptgeschäft, das Automobil« – erweist sich im nachhinein als Glücksfall für die Familie Quandt, die 48,1 Prozent der BMW-Aktien besitzt. Börsenwert Anfang 1995: 6,2 Milliarden Mark.
Wenn es um Geschäfte außerhalb des Autos geht, agiert v. Kuenheim so glücklos wie sein Konkurrent in Stuttgart. Bei der schweizerischen Chemiefirma Belland, wo die Erfindung einer wasserlöslichen Autobeschichtung realisiert werden sollte, verpulvert BMW über 50 Millionen Mark. Und bei einer

Reihe von anderen kleinen und mittleren High-Tech-Firmen wird jahrelang nach dem Prinzip verfahren: »Einsteigen, Ansehen, Aussteigen.« Der Einstieg bei der Echinger Kontron GmbH, einem Spezialisten für Systemanalyse, Bildverarbeitung und Meßtechnik mit einer großen Handelsabteilung, brachte keinen Erfolg. Die frühere Hoffmann-La-Roche-Tochter mit 1100 Beschäftigten und knapp 300 Millionen Mark Umsatz (1989) sollte eigentlich der »Nukleus« für eine expandierende Elektronikgruppe werden. Doch als die Verlustlöcher immer größer und der Finanzbedarf für Investitionen immer erheblicher werden, wird umgeschwenkt.
Kontron schrumpft zu einem Nischenanbieter ohne Handelsgeschäft und zum Know-how-Lieferanten für BMW-Automobilelektronik. Der Ausflug ins Elektronikgeschäft kostet den Münchner Autokonzern nach Analystenschätzung mindestens 200 Millionen Mark. Halbherzig bleibt auch der 1985 erfolgte Einstieg beim TV-Hersteller Loewe Opta in Kronach mit durchgerechnet rund 30 Prozent. v. Kuenheim rechtfertigt sich im nachhinein: »Wir sind nur auf Wunsch von Franz Josef Strauß, der das Unternehmen damals vor anderen Zugriffen schützen wollte, eingestiegen.«
Der Beteiligungsbesitz von BMW ist überschaubar geblieben. Das Münchner Softwarehaus Softlab, ein Joint-venture mit Rolls-Royce im Flugzeugturbinenbau, eine Motorradproduktion in Berlin und die Kontron Elektronik GmbH. Das teuerste und risikoreichste Vorhaben, das sich v. Kuenheim am Ende seiner Amtszeit in den Kopf setzt, ist das Triebwerkgeschäft. Nach dem Kauf der KHD Luftfahrttechnik GmbH 1990 in Oberursel für rund 100 Millionen Mark geht der BMW-Chef eine Partnerschaft mit dem britischen Triebwerkkonzern Rolls-Royce PLC (RR) ein. Personalaufbau und Investitionen in Standorte und Anlagen zur Entwicklung eines neuen 18000 bis 22000 Pfund schubstarken Jet-Triebwerks für Regionalflugzeuge kosten die BMW Rolls-Royce GmbH (49,5 Prozent

hält RR) fast zwei Milliarden Mark. Bis 1996 soll es zur Serienreife entwickelt sein.

Auch mit seiner Ende 1993 getroffenen Entscheidung, mitten in der größten Absatzkrise der deutschen Autoindustrie ausgerechnet das Vorstandsressort Vertrieb zu streichen, macht es BMW wieder mal anders als die Konkurrenz. Die vier Topverkäufer berichten unmittelbar an den gesamten Vorstand. »Wir wollen direkt erfahren, was in den einzelnen Märkten läuft«, so ein führender Manager, »und nicht aus zweiter Hand.«

Schon sehr früh gehen die Münchner in der Zuständigkeit der Ressorts eigene Wege: So ist etwa Wolfgang Reitzle nicht nur zuständig für Forschung und Entwicklung, sondern – ein Unikum in der Branche – auch für den Einkauf. Nur einfach entwickelte Teile, so der Gedanke, lassen sich beim Lieferanten preiswert produzieren. Das klingt logisch, doch konsequent umgesetzt hat das in dieser Form außer BMW kein anderer deutscher Autokonzern. Einen klaren Vorsprung sichern sich die Münchner auch durch ihren »Think Tank«. Die Forschungs- und Ingenieurszentrum GmbH, eine reinrassige Tochter, in deren Gebäude rund fünftausend Entwickler in Projektteams arbeiten, gilt branchenweit als Vorbild. Mercedes-Benz zog erst sehr spät nach und legte seine auf achtzehn Standorte verstreuten Entwicklungsabteilungen nach BMW-Muster zusammen.

Einmalig in der Branche ist auch der Vorstandsposten des Politprofis und Ex-Bertelsmann-Stiftungsmanagers Horst Teltschik. Nur BMW leistet sich eine Art Außenminister, der in neuen Märkten wie China oder Indien die Türen öffnen soll. »Die Software für BMW« (Teltschik über Teltschik) soll für die weiß-blauen Autobauer gut Wetter machen. Der CSU-Freund versteht sich gern als »Mittler zwischen Politik und Wirtschaft« und weniger als Lobbyist. Teltschik: »Wenn Sie darunter verstehen, daß ich in Bonn Türklinken putze, liegen Sie falsch.« Der ehemalige Kanzlerberater von Helmut Kohl, der in Bonn der »kleine Kissinger« genannt wird, ist im BMW-Vorstand allerdings äußerst umstritten. Der eine oder andere Vorstandskollege sähe es lieber, wenn der erste Lobbyist des Münchner Autobauers in der Tat mehr die Türklinken beim Verkehrs- und Umweltministerium in Bonn putzen würde, anstatt in der Welt rumzujetten.

Anders als viele andere in der PS-Branche haben die Münchner nie den Boden unter den Füßen verloren. Während etwa der damalige Mercedes-Chef Werner Niefer, berauscht vom größten Autoboom der deutschen Geschichte, Ende der achtziger Jahre im badischen Rastatt mit Landesmitteln ein neues Werk hochzieht, läßt Eberhard v. Kuenheim seine Mitarbeiter lieber bis zum Äußersten Überstunden fahren. Die Folge: 1993 hat Mercedes ein Werk und 14000 Mitarbeiter zuviel, BMW nicht. Konkurrent Audi produziert im zweiten Halbjahr 1992, damals noch unter Führung des heutigen VW-Chefs Ferdinand Piëch, trotz drohender Autoflaute weiter unter Volldampf. Dagegen bremst v. Kuenheim bereits die Fließbänder. Die Folge: Anfang 1993 sitzt Audi auf hohen Lagerbeständen, BMW nicht.

Zusätzliche Fertigungskapazitäten schafft BMW nur in neuen Märkten für neue Modelle: 1995 rollt im US-Bundesstaat South Carolina ein neuer Roadster vom Band des Werkes Spartanburg. Der Vorteil für die Bayern: Sie fahren damit in ein wesentlich weniger eng besetztes Marktsegment als Mercedes mit seinem ebenfalls in den USA produzierten Off-road-Vehikel.

Der BMW-Chef, wie Edzard Reuter Jahrgang 1928, hinterläßt nicht nur ein gutbestelltes Haus. Er hat auch personell bestens vorgesorgt. Sein Lohn dafür: Er wird ganz im Gegensatz zu seinem Stuttgarter Kollegen Aufsichtsratsvorsitzender.

Seinen Nachfolger Bernd Pischetsrieder, der in der BMW-Spitzenauswahl 1993 siegt, zeichnen alle guten Eigenschaften aus, die ein Automobilboß heute braucht. Er ist nicht nur ein exzellenter Techniker, sondern auch einer, der »die Leute hinter sich sammeln und für ihre Aufgaben motivieren kann«, so ein BMW-Manager. Pischetsrieder selbst sagt: »Gute Führung bei BMW heißt vorrangig, daß wir uns sehr viel Mühe geben, immer die richtigen Leute für zu besetzende Positionen auszusuchen. Meine wichtigsten Entscheidungen sind Personalfragen. Das ausgefeilteste Kontrollsystem bringt nichts, wenn Sie die falschen Leute berufen.«

Der BMW-Chef strahlt Ruhe aus und trifft Entscheidungen mit der notwendigen Härte, Schnelligkeit und Treffsicherheit – oft auch unkonventionell. Dem Karriere-Ingenieur, den bis zu seiner Ernennung zum Vorstandsvorsitzenden kaum jemand außerhalb des bayrischen Autokonzerns kannte, fehlen die Empfindlichkeit, Arroganz und Eitelkeit, die nicht zuletzt sein Förderer und Aufsichtsratsvorsitzender Eberhard v. Kuenheim besitzt.

Pischetsrieders natürlicher Ehrgeiz, gepaart mit viel Intuition, hat den sportlich wirkenden Diplom-Ingenieur, Fachrichtung Maschinenbau, der 1973 ganz unten als Fertigungsplaner bei BMW anfing, bisher vor gravierenden Fehlentscheidungen bewahrt. Aber noch steht er im Schatten seines Aufsichtsratsvorsitzenden. Mit einer Verbeugung vor seinem Vorgänger sagt er: »Die Konzentration auf das Kerngeschäft erwies sich immer wieder als taugliches Mittel für einen Start zu neuen Erfolgen. Wir mußten nie auf äußeren Druck reagieren, sondern handelten immer aus innerer Überzeugung.«

Noch nicht einmal zwölf Monate an der Macht, zerrt Pischetsrieder das von seinem Vorgänger geschnürte Paket zu. Anfang 1994 übernehmen die Bayern für rund zwei Milliarden Mark 80 Prozent der britischen Traditionsmarke Rover von British Aerospace, den Rest hält Honda Großbritannien. Der Preis gilt als vergleichsweise günstig: BMW zahlt für eine Umsatzmark von Rover 19 Pfennig, während eine Mark BMW-Umsatz an

der Börse rund 43 Pfennig kostet. Zudem sind zwei Milliarden Mark in der Autobranche nicht soviel Geld: Allein die Entwicklung eines komplett neuen Personenwagens wird mit dieser Summe kalkuliert.
Die Ironie der Geschichte: Die Bayerischen Motoren Werke, 1916 als Flugzeugmotorenwerk gegründet – das Firmenemblem ist heute noch der blau-weiße Propeller –, schaffen den Sprung in den Autobau erst 1928 – mit einer Lizenz von Austin, einer Tochter der heutigen Rover-Gruppe, die das Wikingerschiff im Wappen führt.
Mit dem Meisterstück bei Rover, das getreu der Kuenheimschen Devise »Konzentration der Kräfte« folgt, erhalten die Münchner Zugang zu einem Produktionsstandort, der einer der günstigsten in ganz Westeuropa ist. Die Löhne britischer Industriearbeiter liegen rund ein Viertel unter denen ihrer deutschen Kollegen, die Lohnnebenkosten erreichen nicht mal die Hälfte des deutschen Niveaus. Außerdem sichert sich BMW die Rechte an insgesamt siebzehn Traditionsmarken, darunter so klangvolle Namen wie Land Rover, MG, Triumph, Austin und Mini. Genau in diesem Marktsegment war BMW bislang genausowenig vertreten wie im boomenden Off-road-Markt. Die Bayern übernehmen einen Konzern, der 1993 als einziger Autobauer Europas seinen Absatz steigert. Die Verkäufe bei Rover ziehen weltweit um 9 Prozent auf 442 000 Fahrzeuge an. Und es geht weiter aufwärts. Damit haben sich die Größenverhältnisse zwischen BMW und Mercedes deutlich verändert: Mercedes-Benz kommt 1994 auf rund 585 000 Stück, BMW und Rover produzieren zusammen fast 1,1 Millionen Autos.
Aber Stückzahlen allein sagen wenig. Auch Mercedes strebt bis zum Jahr 2000 die Millionengrenze an. Nur sind die Stuttgarter dann im Vorteil: Während sie komplett neu entwickelte Autos aus teilweise komplett neuen Fabriken auf den Markt bringen, müssen die Münchner erst einmal viel Geld in die

traditionsreichen – aber doch alten – Modelle investieren. Der Startvorteil könnte sich schnell, paßt Pischetsrieder nicht auf, als Bumerang erweisen.
Wohlwissend, wie schwierig es ist, zwei völlig unterschiedliche Firmenkulturen wie BMW und Rover zu vereinen, setzt Pischetsrieder in England von Anfang an auf Sozialpartnerschaft. Bei den 38 000 Beschäftigten ist von Streik keine Rede mehr. Die Statusunterschiede und die in Großbritannien üblichen Tätigkeitsabgrenzungen werden abgeschafft. So durfte ein Angehöriger der Metallarbeiter-Gewerkschaft bislang keine Arbeiten als Elektriker ausführen, nicht einmal die einfachsten Tätigkeiten. Vor allem verringert BMW bei Rover die Zahl der Rang- und Tätigkeitsabstufungen von elf auf drei: angelernte Mitarbeiter, Facharbeiter und Fachkräfte in den Büros sowie Meister und Konstruktionsingenieure. Mit der Integration wird der BMW-Konzern erstmals Produktionsmillionär.
Darüber hinaus bietet die Zusammenarbeit mit Rover neue Chancen in Asien. Doch weder BMW noch Rover beabsichtigen, einen »Volkswagen für 3000 Dollar« in China herzustellen. Die Chinesen verfolgen mit ihrem Projekt des »Family-Car« Preisvorstellungen, die, so Pischetsrieder, sich für BMW nicht darstellen lassen. Die Philosophie des BMW-Chefs lautet: »Wachstum ist für uns kein Selbstzweck. Die Ergebnisse müssen stimmen, wir wollen unsere globale Präsenz ausbauen, und wir müssen unser Image und unsere Identität als einer der modernsten und verantwortungsbewußtesten Autohersteller der Welt weiter festigen. Dann werden wir auch erfolgreich ins nächste Jahrtausend kommen.«
Die Chancen sind nicht schlecht. Zum Jahreswechsel 1994/95 schafft es Pischetsrieder, seinem Konkurrenten Mercedes-Benz schon wieder eins auszuwischen. Die Bayern schnappten den Schwaben den Auftrag für eine neue Motorengeneration für die englische Edelmarke Rolls-Royce vor der Nase weg. »Wir hätten das Geschäft gerne gemacht«, sagt ein Mer-

cedes-Sprecher enttäuscht. Immerhin lieferte BMW schon ABS-Systeme, Airbags und – über Rover – die Rohkarossen an Rolls-Royce. Von einer Kapitalbeteiligung an der urenglischen Marke, die 1908 von James Roll und Jack Royce gegründet wurde, will man aber vorerst in München nichts wissen. Doch der Motorenbau könnte den Schritt zum Einstieg absichern. Auf jeden Fall ist es Pischetsrieder so gelungen, BMW in den englischen Adelsstand einzukaufen: Durch die Zusammenarbeit mit Rolls-Royce wird das Image noch glänzender. Als nächsten Schritt planen die Münchener, die zusammen mit der Rover Group 1994 über 42 Milliarden Mark umsetzten, den Einstieg in das Geschäft mit der Telekommunikation. Nachdem die ersten selbständigen Versuche gescheitert waren, setzt Pischetsrieder nun auf das Bündnis von Viag mit British Telecom (BT). Beide Hauptpartner halten jeweils 37,5 Prozent an dem Joint-venture Interkom. Bleibt also Platz genug für den Autobauer.

Um die Zukunft von BMW ist Bernd Pischetsrieder, wenn er aus dem 22. Stock des »Vierzylinders« auf den morgendlichen Stau schaut, nicht bange: »Wir brauchen eine Versöhnung zwischen Auto und Umwelt auf einer ganz neuen Ebene. Zum einen sorgen wir durch technische Weiterentwicklungen dafür, daß größere zeitgemäße Fahrzeuge oft weniger Treibstoff verbrauchen als kleinere Wagen und damit die Automobile insgesamt weniger Sprit verbrauchen. Zum anderen brauchen wir andere Verkehrskonzepte. Daran arbeiten wir mit Nachdruck. Öffentliche Verkehrsmittel sollten gefördert werden, wo sie sinnvoll sind. Und warum sollte ein Familienvater nicht zwei völlig unterschiedliche Fahrzeuge besitzen: ein Miniauto für die Fahrt ins Büro, eine Limousine für längere Reisen – vielleicht auch noch einen Luxusmotorroller für Stadtfahrten? Das Ergebnis wäre beeindruckend: trotz steigender Mobilität weniger Treibstoffverbrauch.«

In diesem Punkt sind sich die Münchner mit der Konkurrenz aus Stuttgart einig – und das nicht nur zur Hauptverkehrszeit.

»Wenn erst eine Modellreihe die andere mitfinanziert, kommt ein Unternehmen in eine gefährliche Schieflage.«
Bernd Pischetsrieder

Verlierer Audi: Image unterschätzt

Ferdinand Piëch, seit dem 1. Januar 1993 Vorstandsvorsitzender der Volkswagen AG und Herr von weltweit über 200 000 Mitarbeitern, darf seinen ganz persönlichen Triumph feiern: Er kann mit der Krönung der Karriere endlich den Frust kompensieren, im Kreis der deutschen Topmanager zwar als begabter Techniker zu gelten, nicht jedoch als begnadete Führungspersönlichkeit von globalem Zuschnitt. Dabei hat es der in die Technik verliebte Mann, dem Visionen eher wesensfremd sind, an der VW-Spitze doppelt schwer. Er muß einen für jeden kleinen Konjunktureinbruch anfälligen Konzern sanieren und will mit der VW-Tochter Audi das Rennen gegen Mercedes und BMW gewinnen. Dazu muß er noch seine Seelenqual bewältigen, noch nicht die glänzende, einzigartige Automobilgeschichte geschrieben zu haben wie sein berühmter Vorfahre Ferdinand Porsche – als Konstrukteur des legendären Käfers Stammvater des Volkswagenwerks und für Piëch der Übergroßvater der Familie.
Piëchs größte Stärke ist seine Unabhängigkeit. Er leidet nicht an Geldknappheit, denn er hat 10 Prozent der Porsche-Autoschmiede in Stuttgart geerbt und Anteile an der Salzburger Familienholding, die exklusiv Porsche, VW und Audi in Österreich vertreibt und zudem an Banken, Versicherungen und Hotels beteiligt ist. Geschätztes Privatvermögen: rund fünf Milliarden Mark. Kein deutscher Manager kann sich in puncto Eigenkapital mit Ferdinand Piëch messen. Im Machtspiel auf den Topetagen der Autokonzerne setzt er in puncto Unabhängigkeit denn auch meistens alles auf eine Karte.

Seine Unabhängigkeit bewies der Ingenieur mit einem Diplom der Züricher ETH zum erstenmal, als er im familiären Porsche-Betrieb nach einer Karriere, die ihn bis auf den Posten des technischen Geschäftsführers geführt hatte, beim Versuch abgeblockt wurde, den Vorsitz in der Geschäftsführung zu übernehmen. Piëch kehrte Porsche grollend den Rücken, machte sich selbständig und entwickelte für den Konzern nebenan, für Mercedes, einen Fünfzylinder-Diesel.
Der Mann, der nie Zweiter bleiben will, nutzt jedes Mittel, ganz nach oben zu kommen. Als ihm bei Audi, wo er nach dem kurzen Zwischenspiel der Selbständigkeit wieder als Manager einsteigt, die Topposition verweigert wird, hilft Piëch unverhüllt nach. Dem »Playboy«, einem mehr an Nackedeis denn an Nadelstreifen interessierten Magazin, vertraut das Audi-Vorstandsmitglied an, er könne sich auch andere Tätigkeiten – etwa als Flugzeugkonstrukteur – vorstellen oder nach Japan gehen. Die Drohung wirkt: Piëch wird Chef in Ingolstadt.
Als Audi-Vorstandsvorsitzender drängt Piëch auf Sparsamkeit. Er verkündet seinen Managern: »Mit fünfzehn Prozent von Ihnen bin ich zufrieden. Fünfundvierzig Prozent können bleiben, wenn sie besser werden, vom Rest werde ich mich trennen müssen.« In einem Dreizehn-Punkte-Programm, das im wesentlichen auf ein Gutachten der Unternehmensberatung McKinsey zurückgeht, reduziert er die Fertigungstiefe, baut das Personal um sechstausend Stellen auf 32 000 Beschäftigte ab, drückt die Preise der Zulieferer, optimiert die Logistik und drängt auf bessere Kommunikation zwischen den Vorstandsressorts.
Der Erfolg läßt nicht auf sich warten. Der Absatz bei Audi steigt seit Piëchs Amtsantritt von unter 400 000 auf 473 000 Stück, die Kosten werden kräftig reduziert, die Umsatzrendite vor Steuern nimmt deutlich zu. Hatte sie 1987 noch unter einem Prozent gelegen, schnellt sie 1990 auf über 6 Prozent und macht 1991 immerhin noch 5,3 Prozent aus.

Im Februar 1992 will der Porsche-Enkel den Lohn seiner Mühen kassieren. Er spielt wieder mit dem vollen Einsatz seiner Unabhängigkeit. Als ihm der VW-Aufsichtsratsvorsitzende und Ruhrgas-Chef Klaus Liesen anbietet, Chief Operating Officer (COO) im VW-Konzern zu werden, die Vertretung nach außen jedoch einem weltmännisch agierenden Mann zu überlassen, prallt er mit Piëch frontal zusammen. Einen Chief Executive Officer (CEO), den Liesen in Gestalt des Bosch-Geschäftsführers und Ex-Allianz-Mannes Friedrich Schiefer holen möchte, will Piëch nicht über sich dulden. Kommt der, geht er. Der Aufsichtsrat entscheidet sich für den »Mann mit Benzin im Blut«. Fortan steht Piëch auf dem Prüfstand.
Bei Audi hat der Porsche-Enkel zwar Superbilanzen hingelegt, hinterläßt seinem Nachfolger Franz-Josef Kortüm aber kaum lösbare Probleme. Es dauert gerade mal dreizehn Monate, da schaßt er Franz-Josef Kortüm, einst von ihm selbst als Verkaufsgenie von Mercedes abgeworben. Unter Kortüm fällt der Absatz auf rund 350000 Stück, der Umsatz von 16,7 auf 12,6 Milliarden Mark. Erstmals schreibt Audi 1993 mit 89 Millionen Mark Verlust wieder rote Zahlen. Als Kortüm auch noch mit seinem Vorstoß, im Inland ein Netz von achthundert bis tausend exklusiven Audi-Händlern aufzubauen, scheitert, ist er am Ende. Piëch meint nur trocken: »Ich erwarte von einem Verkäufer soviel Ehrlichkeit wie von einem Techniker.«
Der zweite Audi-Chef unter Piëch, Herbert Demel, hat mit seinem Konzernvorsitzenden zwei Dinge gemeinsam: Sie sind beide Österreicher, und sie sind beide Techniker. Ansonsten darf der promovierte Maschinenbauer Demel die Suppe auslöffeln, die Piëch hinterlassen hat.
Noch als Audi-Vorsteher gibt Technikfreak Piëch einen angeblichen Quantensprung in Auftrag: Er läßt den A8 entwickeln, eine Limousine der Luxusklasse, deren Karosserie ganz aus Aluminium besteht. Das leichte Metall, dozierte der Porsche-Enkel seinerzeit, sei im Automobilbau der Werkstoff der Zu-

kunft, es reduziere das Gewicht der Fahrzeuge und somit auch den Spritverbrauch. Das Argument, die Herstellung von Aluminium frißt viermal soviel Energie wie die Stahlproduktion und ist deshalb ökologisch bedenklich, läßt Piëch nicht gelten. Das silberglänzende Metall sei schließlich, anders als Stahl oder Kunststoffe, fast vollständig recycelbar, seine Verwendung im Autobau deshalb höchst sinnvoll.
Der Techniker ist von dem Werkstoff so fasziniert, daß er nicht richtig kalkuliert. Völlig offen ist, ob sich der »Quantensprung in der automobilen Oberklasse« (Audi-Eigenlob) jemals rechnet. Der Preis für Aluminium schwankt an der Londoner Metallbörse wegen unterschiedlich starker Nachfrage und Kapazitätsauslastung viel heftiger als der Preis des herkömmlichen Werkstoffs Stahl. Stahlpreise sind für Großabnehmer wie die Autoindustrie wesentlich besser kalkulierbar als Aluminiumpreise. Mühelos zerpflückt die Stahllobby das zentrale Argument von Piëch, wonach die Aluminiumkarosserie 40 Prozent weniger wiegt als eine vergleichbare Stahlkarosse und damit Sprit spart. Die rund 2000 Mark, die eine Aluminiumkarosserie bei der Herstellung mehr kostet, werden erst nach einer Fahrstrecke von knapp 200 000 Kilometern im Stadtverkehr oder 450 000 Kilometern bei Autobahnbetrieb durch Einsparungen beim Treibstoffverbrauch ausgeglichen, rechnet Thyssen vor. Pkw werden aber im Durchschnitt nach 138 000 Kilometern verschrottet. Der höhere Energieeinsatz für die Aluminiumkarosserie amortisiert sich also nicht. Erst recht nicht, wenn die Stahlhersteller – wie geplant – ihre Autobleche ebenfalls leichter machen: 40 Prozent Gewichtsersparnis, so eine Studie des Porsche Engineering Services, sind schon heute bei einer völlig neu konstruierten Stahlkarosserie zu erreichen.
Die Tücken bei der Verarbeitung des Leichtmetalls hat Piëch ebenfalls unterschätzt. »Es ist«, macht ein Audi-Manager das Ausmaß der Schwierigkeiten deutlich, »als ob wir auf einem anderen Planeten landen.« Mal gibt es Schwierigkeiten beim

Verformen des neuen Werkstoffs. Dann müssen Schweißnähte mühsam von Hand nachgeschliffen werden. Beulen und Dellen an Türen wie Kotflügeln werden schließlich erst entdeckt, wenn die Karosserie lackiert ist. So ruckelt das Montageband in der für 41 Millionen Mark umgebauten Halle B 16 nur langsam voran. Mit sechzig Autos pro Tag sind die Audi-Manager im Werk Neckarsulm Ende 1994 weit von ihrem Planziel entfernt. Eine Folge der umsatzschädlichen Fehlplanung: Statt 7500 kann Audi 1994 nur 5000 der mit Wurzelholzeinlagen verzierten Luxuskarossen ausliefern. Weltweit 8 Prozent dieses lukrativen Marktes will Piëch erobern – macht rund 16000 verkaufte A8 pro Jahr. Doch der Wille allein langt nicht. Piëchs kleine Vision, Audi mit dem A8 endgültig in der Klasse der Luxusautos zu etablieren und dort vor allem Mercedes, BMW und Jaguar ernsthafte Konkurrenz zu machen, scheitert an der Realität. Vom Audi V8, dem Vorgänger des A8, wurden am Ende nur mehr 1500 Stück pro Jahr verkauft.
Unter den spröden Modellbezeichnungen A8, A6 und A4 erneuert Audi zwar 1994 fast seine gesamte Modellpalette. Mit dem Luxusgefährt A8 wird der Angriff auf die S-Klasse von Mercedes-Benz versucht, der optisch geliftete A6 folgt dem Audi 100, der A4 soll als Audi-80-Nachfolger in der Mercedes-C-Klasse und in BMWs Dreier-Serie wildern. Aber Audi fehlt nach wie vor das echte Oberklassen-Image von Mercedes und BMW. Das Magazin »Stern« erkennt an, »das Lateinlehrer-Image« früherer Jahre habe Audi abgelegt, »der Aufstieg in die Elite ist allerdings bislang nicht so recht gelungen«, und die »Wirtschaftswoche« urteilt: »Wenig wahrscheinlich ist, daß Audi mit technischen Finessen allein jemals sein Imageproblem lösen wird. Zwar ist es gelungen, den alten Branchenspott – ›im Audi sitzt der Vertreter mit der gehäkelten Mütze für die Klopapierrolle‹ – zu widerlegen. Mit Technikprüchen und neuem Design wird das Image poliert, der Vorsprung der Konkurrenz jedoch nicht wettgemacht.«

Alle Audi-Modelle wurden in der Vergangenheit über den Vertrieb der Konzernmutter VW an den Kunden gebracht. Von rund einem Dutzend Audi-Centern und einem kleinen Anteil Selbstabholer abgesehen, werden die Aluminiumautos von rund 2300 VW-Händlern vertrieben. Vor allem bei kleinen Händlern auf dem Land steht dann der A8 schon mal neben dem Polo im gleichen Verkaufsraum. Ein verkaufsfördernder Imagegewinn ist das gerade nicht. Piëchs Audi-Statthalter Herbert Demel hat das zwar – wie sein Vorgänger auch – erkannt. Sein Zauberwort lautet »Markenspezialisierung«. Vier Ringe mit Audi-Schriftzug sollen seit Anfang 1995 das ovale Logo ersetzen. Damit soll die »Wahrnehmbarkeit der Marke« verbessert und ihre Eigenständigkeit unterstrichen werden. Auch will Audi die Händler direkt betreuen. Bis zum Jahr 2000 soll es etwa fünfzig Händler geben, die nur Audi verkaufen, und fünfhundert bis achthundert VW-Händler, die abgetrennte Audi-Verkaufsräume und Serviceannahmestellen haben. Bei allen anderen Händlern bleibt aber alles so, wie es ist. Lediglich das Spitzenmodell A8 soll nicht in allen VW-Verkaufsräumen stehen.
Eine eigene Identität schafft sich die VW-Tochter Audi, die 1995 insgesamt 400000 Autos produzieren will, so nicht.
Mit den Modellen A6 und A4 gelingt es Piëch vielleicht, an die Konkurrenten aus Stuttgart und München bei den sogenannten Volumenmodellen anzuschließen. Daß aber derweil der A8, dessen Entwicklungskosten intern mit rund einer Milliarde Mark beziffert werden, womöglich zum »existenzbedrohenden Flop« (»Stern«) für Audi geraten könnte, hat der Techniker übersehen.
Oder setzt er wieder einmal alles auf eine Karte?

»Es interessiert einen Käufer weniger, wie sein Fahrzeug entworfen wurde. Unseren Kunden muß das Design des Autos gefallen, und sie verlangen gute Fahreigenschaften, Qualität und Sicherheit.«
Alexander Trotman

Aufholjäger Jaguar: Die britische Herausforderung

Ein kurzer Ruck, dann setzt sich das grüne Handwägelchen träge quietschend in Bewegung. Die beiden Hinterachsen, die auf der Ladefläche schaukeln, werden von einem Arbeiter quer durch die Halle zur Endmontage manövriert. Selbst Kenner der Autobranche zeigen sich angesichts derart antiquierter Fertigungsmethoden fassungslos. »Außer einigen russischen Autofabriken«, sagt ein hoher Ford-Manager nach seinem ersten Rundgang, »ist das hier das Schlimmste, was ich je gesehen habe.« Der spöttische Kommentar eines Beraters des japanischen Brokerhauses Nomura Research in London: »Die eins Komma sechs Milliarden Pfund, die Ford für Jaguar hingeblättert hat, würden die selbst im Traum nicht noch mal zahlen.« Das war 1989.
Doch der zweitgrößte Autokonzern der Welt hat sich vorgenommen, Daimler-Benz und BMW anzugreifen.
Zwei neue Fünfjahrespläne sollen die lahmende Katze auf Tempo bringen. Bis zum Ende des Jahrzehnts, so das höchst ehrgeizige Ziel, will Jaguar seine Autoverkäufe auf 150 000 Stück mehr als verdreifachen. Der Zündschlüssel zum Erfolg liegt in den Entwicklungslabors in Coventry und Detroit. Der neue Baby-Jaguar MK III (Codebezeichnung X-200) soll in der oberen Mittelklasse gegen die Mittelklassemodelle von Mercedes und die Fünfer-Reihe von BMW antreten. Er soll bis 1998/99 auf den Markt kommen und mindestens 50 000 Stück

pro Jahr erreichen. Doch der Einstieg in den lukrativen Markt steckt voller Risiken. Warum, so fragen die Jaguar-Ingenieure, besitzt ein Ferrari weltweit dieses sagenhafte Image? Die einfache Antwort: Weil pro Jahr nur viertausend Ferraris auf den Markt kommen. So gleicht der neue Kurs in Coventry einer schweißtreibenden Gratwanderung: links der wirtschaftliche Zwang zu höheren Stückzahlen, rechts die Gefahr, das Image einer Nobelmarke zu verlieren.

Die Jaguar-Mannschaft hält erfolgreich Kurs: Nur bedingt lassen sich die auf elitäre Nobelkarossen eingeschworenen Jaguar-Entwickler von den auf preiswerte Massenware getrimmten Ford-Leuten die Marschrichtung diktieren. Mit durchgreifenden Rationalisierungsmaßnahmen, in hautnahem Kontakt zu seinen Arbeitern und Ingenieuren, vermag Jaguar-Chef Nicholas Scheele seit seinem Amtsantritt im März 1992 vor allem Qualitätsmängel und Modellschwächen abzustellen, die Jaguar einen schlechten Namen gemacht haben und Ende der achtziger Jahre beinahe aus dem wichtigen US-Markt katapultiert hätten. »Wenn Sie einen Jaguar kaufen, beschaffen Sie sich am besten gleich einen Zweitwagen mit dazu – für die Zeit, die der Britenschlitten in der Werkstatt verbringt«, spotteten die Amis früher.

Scheele, der für den US-Konzern bereits Ford of Mexico erfolgreich saniert hat, arbeitet entschlossen an einem Comeback von Jaguar. Nach einer glatten Halbierung der Belegschaft bis Ende 1993 auf 6700 Mitarbeiter steigt die Produktivität im Browns Lane Werk in Coventry derzeit jährlich um mindestens 16 Prozent. Als die Jaguar-Werker Ende Juli 1993 aus ihrem Jahresurlaub zurückkehren, trauen sie ihren Augen nicht. Das altgewohnte Produktionschaos in den überalterten Werkssälen, das Scheeles Vorgänger William Hayden kurz nach seinem Amtsantritt an »russische Zustände« erinnert hat, ist plötzlich einer modernen Produktionsanlage gewichen.

Statt an zwei beängstigend dicht nebeneinanderliegenden Fließbändern, die nicht einmal genügend Platz für »zwei sich entgegenkommende Gabelstapler ließen« (Scheele), montieren die Arbeiter nun in Teams an einem einzigen langen Fließband. »Wir können jetzt fünfundzwanzig Wagen in der Stunde bauen statt bislang sechzehn«, freut sich Scheele. Eine Steigerung der Jahresproduktion auf 50 000 Fahrzeuge ist damit ohne Erweiterung der Anlagen mit einer Schicht möglich. Die Jaguar-Werke befinden sich an drei Standorten in Coventry und Birmingham: Karosseriemontage und Lackierung in Castle Bromwick, Motorenmontage in Radford und die Endmontage in Browns Lane.

Der Jaguar-Chef bekommt vollste Rückendeckung aus Detroit, wo auch Ford-Chef Alexander Trotman kräftig umorganisiert. Seit dem 1. Januar 1995 ist das neue Konzept »Ford 2000« in Kraft. In der Rekordzeit von wenigen Monaten hat der Fachmann für Produktionsplanung dem zweitgrößten Konzern der Welt eine völlig neue Struktur verpaßt. Der Ford-Konzern steuert seine weltweiten Fahrzeuggeschäfte neuerdings zentral über fünf nach Fahrzeugtypen gegliederte Bereiche. Um Doppelarbeit zu vermeiden, soll es je Modellreihe nur noch ein »Weltauto« für alle Märkte geben. Jedes der fünf Weltzentren ist rund um den Globus für einen Fahrzeugtyp verantwortlich – vom Einkauf über die Produktion bis zum Vertrieb. Dagegen war die alte Führungsstruktur regional bestimmt. Ford bestand aus zwei weitgehend unabhängig voneinander arbeitenden Unterkonzernen: Ford America und Ford of Europe. Für Jaguar bringt die neue Organisation einige Vorteile, da die Zuständigkeiten im Konzern klarer geregelt sind: Ford Köln zusammen mit Dunton ist verantwortlich für Kompaktautos bis zur Mittelklasse, Ford Dearborn für größere Pkw und heckgetriebene Fahrzeuge. Der Jaguar-Chef, der vollkommen unabhängig arbeitet, weiß also genau, wo er Kooperationspartner im Konzern findet.

Um auch beim Marketing aufzuholen, kreiert Scheele den Begriff »Retrolutionary Styling« – Fortschritt durch Tradition. Dazu gehört, daß unter der klassisch anmutenden Hülle der neugestalteten Luxuslimousine gründlich aufgeräumt wird. Umgerechnet 500 Millionen Mark ließ Geldgeber Ford seit 1990 für die Weiterentwicklung der Jaguar-Limousinen springen. Das Ergebnis: Die vierte Generation der Jaguar-XJ-Serie (Codebezeichnung X 300) überzeugt durch Qualität. Die britische Herausforderung wird zur echten Alternative zum schwarzrotgoldenen Oberklasse-Establishment. Analysten rechnen 1995 immerhin mit weltweit 40000 verkauften Wildkatzen – und der Break-even wird bereits bei 35000 Stück erreicht. Die Jagdgründe des Jaguar liegen zwischen Mercedes-E- und -S-Klasse, zwischen BMW-Fünfer- und -Siebener-Reihe, zwischen Audi A6 und A8. Ein Mercedes-Manager läßt keinen Zweifel: »Jaguar ist wieder ein großer Name in der Autowelt.«

6. Kapitel

Daimler-Benz Aerospace: Der Höhenflug

»Die Vorbereitung der Öffentlichkeit darauf,
daß die Bäume nicht in den Himmel wachsen,
ist ein Gebot der Vernunft.
Es wäre illusionär anzunehmen,
daß wir unaufhaltsam Wachstumsraten
produzieren können, in welcher Größenordnung
auch immer.«
Alfred Herrhausen

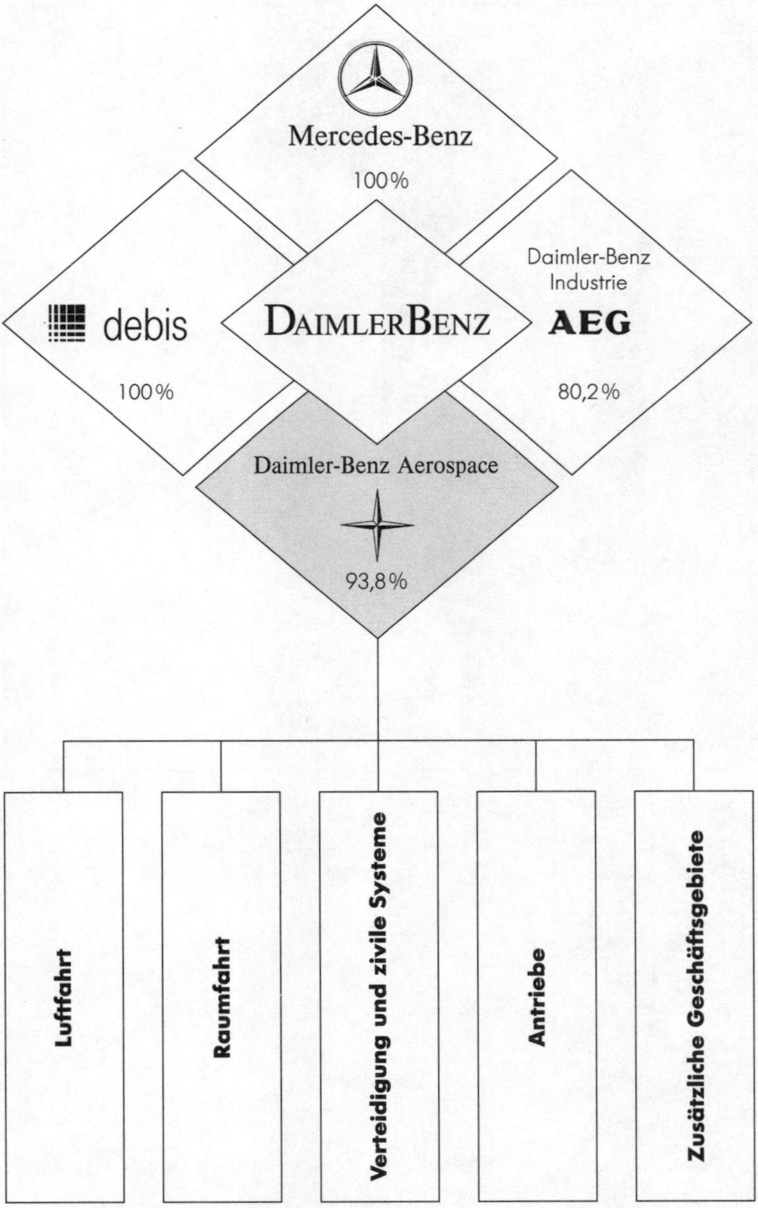
Mercedes-Benz
100%
debis
100%
DAIMLERBENZ
Daimler-Benz Industrie
AEG
80,2%
Daimler-Benz Aerospace
93,8%
Luftfahrt
Raumfahrt
Verteidigung und zivile Systeme
Antriebe
Zusätzliche Geschäftsgebiete

Dasa-Umsatz nach Bereichen

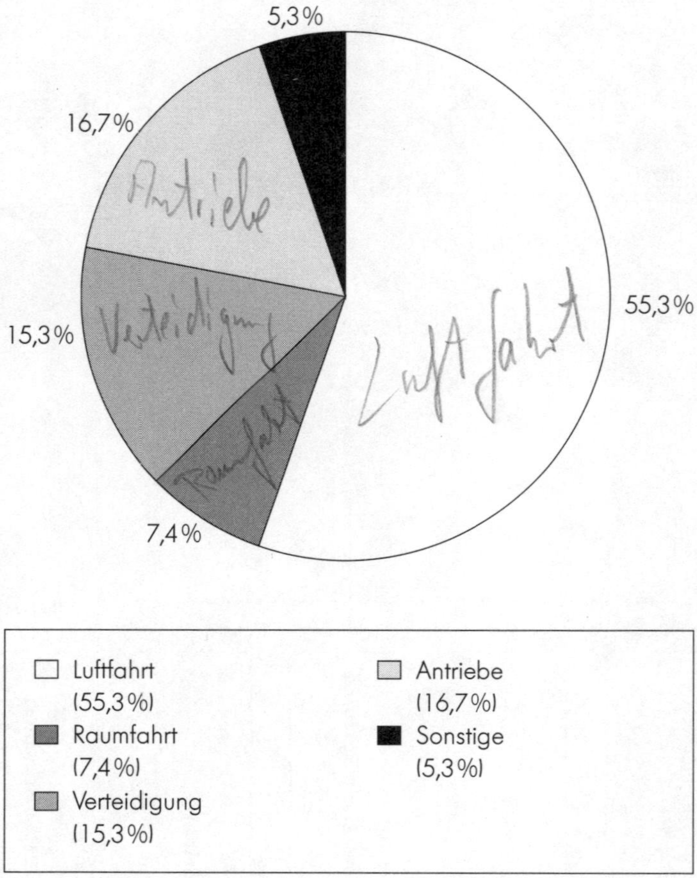

Umsatz
18,6 Mrd. DM

Quelle: Geschäftsbericht 1993

Deutsche Bank Research

»Drunter und drüber«

Ein neuer Konzern entsteht. Für Jürgen Schrempp, der noch kurz zuvor Daimler-Lkw in Südafrika verkauft hat, schlägt damit im Mai 1989 die große Stunde. Er soll ein schlagkräftiges Luft- und Raumfahrtunternehmen unter dem Dach von Daimler-Benz zusammenbauen. Das Ergebnis von Edzard Reuters heißer High-Tech-Tour: MBB, der Triebwerkhersteller MTU und Teile des Elektrokonzerns AEG und Dornier werden unter dem Dach der neugegründeten Deutschen Aerospace (Dasa) zusammengefaßt. Schließlich locken Milliardenaufträge.

In der westlichen Luft- und Raumfahrt dürften bis im Jahr 2000 Aufträge in Höhe von 1850 Milliarden US-Dollar vergeben werden. Diese »sehr konservative Schätzung« machte der Verband der Britischen Luftfahrthersteller (SBAC) – vor dem Fall der Mauer. Allein den Bedarf an Kampfflugzeugen im Westen veranschlagen die Engländer bis Ende des Jahrhunderts auf 550 Milliarden Dollar und an Zivilflugzeugen auf 450 Milliarden Dollar; über 9200 Stück sollen bis zum Jahr 2006 benötigt werden. Eine neuere interne Studie der Daimler-Benz-Aerospace-Sparte rechnet in den kommenden zwanzig Jahren weltweit mit 17000 neuen Flugzeugen im Wert von 1,4 Billionen Mark. Allein in Asien, wo sich der Luftverkehr innerhalb von drei Jahren verdoppelt, werden dreitausend Flugzeuge benötigt – davon 1800 Großraumjets. Aber bis dahin ist es noch weit.

Zu den Schularbeiten, die Schrempp 1990 außer Haus erledigen läßt, gehört nicht nur die Zusammenführung und Neustrukturierung bisher getrennter Aktivitäten in der Luft- und Raumfahrt sowie der Rüstungstechnik. Schwerer fällt der nachhaltige Abbau der Wehrtechnik, die 1990 noch gut 45 Prozent der Gesamtleistung ausmachte, und die Umstellung auf zivile Produkte.

Die Berater teilen sich die Lasten. Für das Puzzlespiel, bei dem die Abteilungen der vier Dasa-Firmen Dornier, MBB, MTU und Telefunken Systemtechnik zu neuen Dasa-Geschäftsbereichen zusammengesetzt werden sollen, ist Unternehmensberater Roland Berger zuständig; das Thema Konversion und Subvention in der Wehrtechnik haben sich die Experten von McKinsey aufbürden lassen.
Der Aufwand ist beträchtlich: Im Auftrag von McKinsey schwärmen weltweit Interviewer aus, um die Marktchancen neuer ziviler Produkte, Systeme und Leistungen zu erfassen, die die Dasa anbieten könnte. Den Katalog potentieller Angebote liefert eine ganze Reihe von Arbeitsgruppen. »Jetzt haben wir ein Stadium erreicht, in dem die wichtigsten Schritte der Marktanalyse abgeschlossen sind und wir alle möglichen Projekte einer kritischen Prüfung und Bewertung unterziehen«, erklärt ein Konversionsbeauftragter bei der Dasa eineinhalb Jahre nach Schrempps Amtsantritt.
Doch alle Berater helfen wenig. Bei der Deutschen Aerospace geht es »genaugenommen«, so ein Londoner Finanzanalyst, »seit Mai 1989 drunter und drüber«. Als dann auch noch MBB integriert werden muß, war die gerade erst erarbeitete Dasa-Struktur schon wieder hinfällig. Im Februar 1990 ordnet Schrempp seine Gruppe erneut um und schafft die vier Geschäftsbereiche Luftfahrt, Raumfahrt, Verteidigung und Antriebe. »Geschäftsfelder unter einer Milliarde Mark Umsatz interessieren mich nicht«, verkündet er siegesbewußt.
Alle Hoffnungen setzt Jürgen Schrempp in die 1993 übernommene Traditionsfirma Fokker. Das holländische Unternehmen hat seine Wurzeln in Deutschland. Als Anthony Herman Gerard Fokker 1912 in Berlin seine Fokker Aeroplan GmbH gründete, konnte er nicht wissen, daß daraus eines der wichtigsten niederländischen Unternehmen werden würde. Immerhin war die Firma, die 1913 nach Schwerin umzog, im Ersten Weltkrieg größter deutscher Flugzeugproduzent.

Erst die Restriktionen des Versailler Vertrags zwangen den Gründer zum Umzug. 1919 verlud er das Inventar seiner sechs Werke in Deutschland auf Güterzüge nach Amsterdam und gründete dort die niederländische Fokker. Kooperationen mit den Deutschen gab es immer wieder: bei Flugbooten mit Dornier, bei militärischen Flugzeugen (Breguet Atlantic und Lockheed F-104) mit MBB und beim Airbus und der Fokker 100 mit der Deutschen Airbus GmbH. 1970 gründeten Fokker und die deutsche VFW (Vereinigte Flugtechnische Werke, ein Vorläufer von MBB) sogar eine transnationale Gemeinschaftsfirma. Doch die wurde 1980, kurz vor der Pleite, aufgelöst.

Der Blick ins Geschichtsbuch hilft wenig. Als Fokker an die Dasa übergeht, gerät Amsterdam gewaltig ins Brodeln. Die veröffentlichte Meinung heizt die Stimmung gegen den neuen Mehrheitsaktionär weiter an. Fokker-Mitarbeiter verlören zugunsten von deutschen Dasa-Angestellten ihren Job, unterstellt das »Algemeen Dagblad«. Und »De Volkskrant« titelt: »Knebelvertrag mit Dasa vergrößert Fokker-Verlust«. Zwar verkündet der Dasa-Chef prompt die Senkung der Lieferpreise an die holländische Tochter, aber damit nicht genug. »Ein deutscher Chef wird hier niemals akzeptiert«, erklärt ein Fokker-Manager kategorisch. Die Lösung dieses Problems findet der gewiefte Taktiker Schrempp im Frühjahr 1994 bei der Stuttgarter Konzernschwester Mercedes-Benz: Bernardus van Schaik ist waschechter Niederländer und zugleich linientreuer Daimler-Mann. Wie Schrempp hat van Schaik Karriere im internationalen Nutzfahrzeuggeschäft gemacht. Und wie Schrempp steigt van Schaik ohne jede Branchenerfahrung in den Flugzeugbau ein.

Zunächst war van Schaik »alles andere als begeistert, als mich Schrempp anrief«. Gereizt hat den Vertriebsfachmann, der hauptsächlich Lkw verkauft und »noch nie eine Karriereplanung gemacht hat«, die große Aufgabe dann doch. Beherzt

packt der gelernte Ingenieur die Probleme des weltweit zweitgrößten Herstellers von Regionaljets (hinter Boeing) und Turboprop-Fliegern (hinter ATR) an. Sein Motto: »Man muß nur wissen, was man will, und die Dinge nicht komplizierter machen, als sie sind.« Von seinen Vorstandskollegen, über deren Intrigen sein Vorgänger Jan Nederkoorn gestolpert war, erwartet van Schaik Loyalität und Teamgeist. Doch er stellt klar: »Wir sind ein Unternehmen, keine Demokratie.«
Schrempp hat der Einstieg bei Fokker entscheidende Pluspunkte beim Ringen um die Daimler-Spitze gebracht.
Die Deutsche Aerospace erhält durch die Übernahme von Fokker zum erstenmal seit ihrer Gründung direkten Zugang zum Marktsegment Regional-Jet-Flugzeuge. Bislang war sie in diesem Markt, für den mittel- und langfristig ein erhebliches Wachstum erwartet wird, nicht vertreten. Darüber hinaus erlangt die Dasa die industrielle Führung bei der Entwicklung und Herstellung von Regional-Jet-Flugzeugen. Schließlich habe die Daimler-Benz Aerospace in Europa die grundlegenden industriellen und wirtschaftlichen Voraussetzungen geschaffen, so die Hoffnung der großen Konzernstrategen, um gemeinsam mit Fokker eine zukunftsorientierte europäische Struktur für die Herstellung von Regionalflugzeugen aufzubauen.
Im direkten Wettbewerbsumfeld von Fokker gibt es sieben Konkurrenten, aber nur einer arbeitet profitabel: die kanadische Bombardier. Die anderen, ATR, BAE, CASA, Embraer und Saab, sind in bezug auf Stückkosten, Kapitalbasis, Produktionsanlagen noch schwächer als die Dasa. Luftfahrtexperten rechnen damit, daß sich der Markt am Ende polarisieren wird: British Aerospace und das französisch-italienische Konsortium ATR sind schon zusammengerückt. Kann die Rechnung von Schrempp noch aufgehen?
Die große Stärke von Fokker ist die weltweite Verbreitung mit über tausend Flugzeugen und die starke Marktdominanz in der

Kategorie mit siebzig bis hundert Plätzen. In dem Bereich neunzehn bis dreißig Passagiere bleibt die Position der Dasa dagegen schwach.
Das Geschäftsfeld Luftfahrt der Dasa verfügt insgesamt über eine breite und umfassende Produktpalette ziviler Flugzeuge. Als gleichberechtigter Partner ist die Deutsche Aerospace AG über die Deutsche Aerospace Airbus GmbH mit 37,9 Prozent am europäischen Konsortium Airbus Industrie G.I.E. beteiligt und dadurch auf dem Weltmarkt für Standardrumpf- und Großraumflugzeuge mit einer Sitzkapazität für mehr als 130 Passagiere vertreten. Im Bereich der Computer-Flugzeuge bietet die Deutsche Aerospace mit der neunzehnsitzigen Dornier 228 und der dreißigsitzigen Dornier 328 zwei Turboprop-Flugzeuge an. Die Lücke im Marktsegment der Regional-Jets zwischen 65 und 130 Sitzen wird durch den Einstieg bei Fokker geschlossen. Sie spart dem Konzern 2,5 Milliarden Mark Entwicklungskosten. Nur kostet den Daimler-Konzern der Einstieg in die Luftfahrt einige Milliarden mehr – für dringend notwendige neue Flugzeugentwicklungen ist da kein Geld mehr. Schrempp, um Sprüche nie verlegen, bleibt seinem Motto treu – je schlimmer das Umfeld, desto optimistischer gibt er sich nach außen: »Die Deutsche Aerospace wird durch den Einstieg bei Fokker in die ›Oberliga‹ der Flugzeughersteller aufsteigen. Dies wird auch unsere Kooperationsmöglichkeiten verbessern.« Investitionen in der Luft- und Raumfahrt seien langfristig zu sehen und würden eben erst später Ertrag abwerfen. Zwar hat die Daimler Aerospace nach Dornier und MBB mit Fokker einen weiteren finanzschwachen Bereich am Hals. Aber Schrempp sieht für die Dasa – »die Perle« des Daimler-Konzerns – eine glänzende Zukunft.
Der ehemalige Dasa-Betriebsratsvorsitzende Alois Schwarz schätzt die Lage kritischer ein: »Der Schulterschluß mit Fokker ist die einzige Rettung für das Regionalflugzeug Dornier 328. Aber es reicht nicht, daß die Holländer nur den Vertrieb

der Maschine übernehmen. Wir brauchen eine komplette Fusion der beiden Firmen, nur dann hat die Milliardeninvestition einen Sinn. Gelingt das nicht bis 1995, hätte der Vorstand das Geld besser bei Mercedes angelegt.«

Schrempps holländischer Schachzug, der den Konzern nach vier Sanierungen inklusive Kaufpreis rund 1,2 Milliarden Gulden gekostet hat, entpuppt sich als »der Versuch, eine teure Fehlentscheidung mit einer noch teureren Übernahme auszubügeln«, stellt ein Londoner Luftfahrtanalyst fest. Wie man das macht, hat ja schon sein Ziehvater Edzard Reuter vorgemacht. Alois Schwarz versteht auch nicht, warum Dornier juristisch bestehenbleibt: »Da sitzen eine Geschäftsführung und zwei Aufsichtsräte, die einen Haufen Geld kosten, und jeder bremst, wo er nur kann, während wir zugrunde gehen. Dornier wäre heute längst nicht mehr am Markt, aber die ehemaligen Gesellschafter kriegen immer noch Garantiedividende auf ihr damaliges Grundkapital. Das Daimler-Management hat einen großen Fehler gemacht. Der Konzern ist doch am Reißbrett in der Stuttgarter Daimler-Benz-Zentrale zusammengebastelt worden.«

Der Konzern aus dem Baukasten

1985:

Daimler-Benz übernimmt die Motoren- und Turbinen-Union (MTU), deren Hauptgeschäft Panzermotoren und Antriebswerke für den Kampfflieger Tornado waren, und die Mehrheit beim Flugzeugbauer Dornier, der in erster Linie von Raumfahrtsystemen und einem neunzehnsitzigen Flugzeug, der Dornier 228, lebt.

1986:

Übernahme der Mehrheit beim Elektrokonzern AEG, deren Militärelektronik mit der von Dornier zusammengelegt wird.

1989:

Gründung der Deutschen Aerospace AG (Dasa) aus MTU, Dornier und Teilen der AEG. Bundeswirtschaftsminister Haussmann gibt grünes Licht für den vom Kartellamt abgelehnten Einstieg von Daimler-Benz bei Messerschmitt-Bölkow-Blohm (MBB). MBB wird inklusive 80 Prozent der neuen Deutschen Airbus GmbH in die Dasa eingegliedert.

1990:

Aufsplitterung der Dasa-Tochterunternehmen in vier Geschäftsbereiche: Luftfahrt, Raumfahrt, Verteidigung und Antriebe. Bei 12,5 Milliarden Umsatz macht die Dasa 135 Millionen Mark Verlust und beschäftigt 61 300 Mitarbeiter.

1991:

Neustrukturierung in allen Bereichen. Bei 12,4 Milliarden Mark Umsatz erwirtschaftet die Dasa erstmals einen Gewinn von 50 Millionen Mark. Die Zahl der Beschäftigten wird auf 56 500 reduziert.

1992:

MBB und die französische Aérospatiale fusionieren ihre Hubschrauberproduktion in dem Gemeinschaftsunternehmen Eurocopter. Tiefer Rutsch in die roten Zahlen: 341 Millionen Mark Verlust bei 17,3 Milliarden Mark Umsatz. Nach der Konsolidierung der Deutschen Airbus arbeiten 81 900 Menschen für die Dasa.

1993:

Übernahme von 51 Prozent an dem niederländischen Flugzeugbauer Fokker. In den ersten neun Monaten des Jahres setzt Dasa 11,6 Milliarden Mark um – 10 Prozent weniger als im Vorjahreszeitraum, der Auftragseingang ist bis Ende September mit 10,4 Milliarden Mark sogar um 18 Prozent gesunken. Dasa-Chef Jürgen Schrempp kündigt den Abbau von über 10 000 von insgesamt noch rund 80 000 Arbeitsplätzen (ohne Fokker) und die Schließung von sechs Produktionsstätten an.

1994:
Der Umbau geht weiter. Lenkwaffen und Satelliten werden in Gemeinschaftsunternehmen mit der französischen Aérospatiale überführt. Das erst seit 1992 bei der Dasa angesiedelte Mikroelektronikunternehmen Temic geht zurück an AEG. Die MTU wird zerschlagen, die Dieselmotorensparte Friedrichshafen kommt ebenfalls zu AEG.

Immerhin rückt die Daimler-Benz-Tochter Dasa mit Fokker an die erste Stelle der europäischen Luft- und Raumfahrtkonzerne – vor der französischen Aérospatiale und British Aerospace. Weltweit rangiert die Gruppierung aus Dornier, Messerschmitt-Bölkow-Blohm (MBB), MTU, Telefunken-Systemtechnik und Fokker an vierter Stelle, hinter den US-Riesen Boeing, McDonnell Douglas und General Electric.
Jürgen Schrempp hat es geschafft, die wichtigsten Firmen der deutschen Luft- und Raumfahrtindustrie neu zu strukturieren. Das Ergebnis ist allerdings weit von dem entfernt, was er geplant hat: Die Integration zu einem einheitlich geführten Konzern, in dem die traditionellen Unternehmensgrenzen fallen und ein neues, gemeinsam motivierendes Dasa-Bewußtsein entsteht. Vielmehr gibt es ständig neue Querbeteiligungen im europäischen Luftfahrtnetzwerk. Die effektive Umsetzung scheitert teilweise an »chaotischen Verhältnissen und erheblichen Reibungsverlusten«. Einige Betriebsräte: »Die Praxis ist zum großen Teil entnervend.«
Fokker-Chef van Schaik setzt zwar auf Dasa-Synergien, aber zuerst einmal muß er mit dem Abbau von Überkapazitäten kämpfen. Die Produktion ist für hundert Flugzeuge angelegt, aber die Basiskapazität muß auf fünfzig verringert werden. Van Schaik über die Zusammenarbeit mit Daimler-Benz: »Integration ist ein Prozeß, der Zeit kostet. Das kann man nicht von heute auf morgen von oben erzwingen. Wir arbeiten auf Gebieten wie Marktbeobachtung und Grundlagenforschung zusam-

men. Und wir reden über die Zusammenlegung von Standorten. Im Moment haben wir noch zu viele Überschneidungen.« Aber es sei »Quatsch«, jetzt ein neues Triebwerk für die Flugzeuge zu entwickeln, betont van Schaik: »Wir haben die Partnerschaft mit Rolls-Royce.« Auf die Frage, wie selbständig denn Fokker eine solche Entscheidung noch treffen könne, antwortet er klipp und klar: »Letztlich entscheidet Fokker das nicht, sondern der Markt. Die Luftfahrtgesellschaften werden uns immer dazu zwingen, das kostengünstigste Triebwerk anzubieten.«

Drei Tage nachdem sich die Dasa-Tochter MTU, die französische Snecma sowie die amerikanischen Konzerne Pratt & Whitney (P & W gehört zu United Technologies) und General Electric zum »Projekt Blue« zusammengetan hatten, um ein neues Triebwerk zu entwickeln, startet die Konkurrenz schon den ersten Probelauf. Ein Flugzeugtriebwerk für Regionalflugzeuge, das die BMW Rolls-Royce GmbH (BRR) in Oberursel bei Frankfurt entwickelt, übersteht im August 1993 seinen ersten Test.

Der Start der BR-700-Triebwerksfamilie von BMW hat den Rivalen Daimler-Benz, zu dessen Aerospace-Divisionen die Motoren- und Turbinen-Union GmbH in München (der älteste deutsche Turbinenhersteller) gehört, abgehängt. Daimler und BMW hatten zunächst versucht, ein Konsortium zur Entwicklung einer Flugzeugturbine zu bilden. Der damalige BMW-Chef Eberhard v. Kuenheim bot Schrempp an, die MTU in die bayrisch-britische Allianz aufzunehmen, und fordert dafür die industrielle Führung sowie 51 Prozent an Daimlers zehnmal größerer Triebwerkdivision. Als letzte Großtat vor seinem Wechsel in den Aufsichtsrat will er die MTU, die in den dreißiger Jahren als »BMW Flugmotorenbau GmbH« firmierte, zurück unters weiß-blaue Konzerndach holen.

Schrempp lehnt ab und schlägt selbst v. Kuenheims Offerte aus, Niederdruckturbinen an BMW Rolls-Royce zu verkaufen.

Wenn MTU schon nicht als Juniorpartner zu gewinnen war, so v. Kuenheims Überlegung, dann doch zumindest als Zulieferer – schließlich hat sich die MTU nie anders denn als Subunternehmer verdingt.
Schrempp dagegen setzt alle Hoffnung auf das Projekt Blue. Es soll ein mächtiges internationales Bündnis für Flugzeugtriebwerke werden.
Doch auch dieser Traum platzt. Projekt Blue stirbt. Der Grund ist simpel: Die geplante Kooperation ist nur für die angeschlagene Dasa-Tochter MTU lebenswichtig. Die übrigen Mitglieder der Viererbande – die Amerikaner General Electric, Pratt & Whitney und die französische Snecma – wollen zwar liebend gerne dem allzu erfolgreichen Newcomer BMW Rolls-Royce einen Dämpfer verpassen, möchten dafür aber die eigenen Interessen nicht zurückstellen. Ein Insider: »Da wurde ein doppeltes Spiel gespielt. Beim Kunden hat jeder den anderen ausgetrickst.« Profitiert hat davon allein das bereits Mitte 1990 gegründete Joint-venture BMW Rolls-Royce (BRR), dem die Abwehrfront galt.
Seit 1994 besteht ein exklusives Lieferabkommen mit dem US-Flugzeughersteller McDonnell Douglas, von dem sich BMW Rolls-Royce Aufträge in Höhe von mehreren Milliarden Mark verspricht. Die Vereinbarung sieht das BR-715-Triebwerk als alleiniges Antriebssystem für Kurz- und Mittelstrekkenflugzeuge vor. Erwartet wird in den kommenden zwanzig Jahren ein Marktpotential von rund zweitausend Triebwerken. Die neue Triebwerksgeneration soll ab 1996 auf den Markt kommen. Und bereits 1998 soll beim Umsatz die Milliardenschwelle überschritten und erstmals operativer Gewinn erzielt werden. Mit 4,5 Prozent beteiligt sich auch Volvo an dem Projekt. Die Sache hat allerdings einen Haken: Schafft es McDonnell Douglas, rechtzeitig das passende Flugzeug zu bauen?
Doch statt mit dem Münchner Erzkonkurrenten BMW zu kooperieren, setzt Jürgen Schrempp lieber weiter auf die Ame-

rikaner. MTU entwickelt zusammen mit dem US-Hersteller Pratt & Whitney bereits ein Triebwerk (PW 4084) für Großraumflugzeuge. Nach dem Scheitern von Projekt Blue will das Gespann auch einen kleineren Antrieb entwickeln – gegen den Marktführer BRR.

MTU und P & W haben sich darauf geeinigt, ein gemeinsames Triebwerk im Schubbereich von 15000 bis 24000 Pfund zu entwickeln und »sehr schnell auf den Markt« zu bringen. Die Vereinbarung sieht einen Anteil von 49 Prozent für die MTU bei 51 Prozent für P & W vor. Das Kernaggregat dieses »technologisch völlig neuen« Triebwerks soll im ersten Quartal 1995 seinen Erstlauf erleben. Die Zulassung wird für Januar 1999 angestrebt. So weit, so gut. Das Wichtigste allerdings fehlt der Dasa-Tochter MTU: die Fähigkeit zur Systemführerschaft, wie General Electric, Pratt & Whitney oder Rolls-Royce sie besitzen.

Eine Überkreuzbeteiligung, die die enge Zusammenarbeit mit den Amerikanern festigen soll, ist nicht mehr so gewichtig, heißt es in München, da man die Bindungen mit dem gemeinsamen Triebwerksprojekt für Regionalflugzeuge erheblich verstärkt habe. Grundsätzlich abgeneigt ist die Dasa einer solchen gegenseitigen Beteiligung von MTU und P & W jedoch nicht.

Denn spätestens seit der Übernahme des holländischen Flugzeugherstellers Fokker muß sich Jürgen Schrempp nach dem Sinn der Triebwerksaktivitäten fragen. Die Daimler-Benz Aerospace ist das einzige Unternehmen der Welt, das gleichzeitig Flugzeuge und Flugzeugmotoren baut.

Manfred Bischoff, der Rechner

Wie es mit der MTU, die frühestens 1996 schwarze Zahlen schreiben wird, weitergeht, diese Frage überläßt Schrempp seinem Nachfolger. Die Stuttgarter Konzernstrategen bauen vor. Im Oktober 1994 gaben sie schon mal den neuen Firmennamen bekannt: Die Dasa wird ab dem 1. Januar 1995 in Daimler-Benz Aerospace umbenannt. Damit ist der erste Schritt wie bei der AEG getan: Sie wird eine Holding, die offen ist für jede Art von Beteiligungen.

Mit dieser Umfirmierung, so haben es sich die Daimler-Strategen – zehn Jahre nach der Übernahme von MTU – ausgedacht, soll zum einen die Rolle der Daimler-Benz AG als Konzernholding stärker betont werden. »Zum anderen ist die Dasa nach der Übernahme des niederländischen Flugzeugherstellers Fokker ja kein rein deutscher Hersteller mehr.« Manche Erkenntnis in Stuttgart braucht eben ihre Zeit.

Mit der Beteiligung des Daimler-Konzerns von 37,9 Prozent an Airbus Industrie war die Dasa noch nie ein »rein deutscher Hersteller«. Auch wenn Edzard Reuter seit 1994 den Aufsichtsratsvorsitz in Toulouse innehat. Die französische Aérospatiale hält ebenfalls 37,9 Prozent, British Aerospace 20 und die spanische Casa 4,2 Prozent. Im Gegenzug dafür, daß die Deutschen den Aufsichtsratschef stellen, besetzen die Franzosen den Posten des Vorstandsvorsitzenden. Alles ist fein austariert.

Der weltweit zweitgrößte Flugzeughersteller ist seit seiner Gründung 1968 als lockere Interessenvereinigung (Groupement d'Intérêt Economique nach französischem Recht) organisiert. Alle Managemententscheidungen müssen nach wie vor von den europäischen Anteilseignern einstimmig getroffen werden. Die sind jedoch gleichzeitig die wichtigsten Lieferanten des Flugzeugbauers. Im Preiskampf mit Boeing ist das ein gewichtiger Nachteil, denn Kostensenkungen – notwendig sind mindestens 30 Prozent – lassen sich so kaum durchsetzen. Zu kontrollieren sind die Kosten ohnehin nicht, denn Airbus muß in seiner jetzigen Rechtsform keine Zahlen offenlegen. Auch ist der freie Zugang zum Kapitalmarkt versperrt. Diese Mängel wiegen doppelt schwer.

Europas Vorzeigeobjekt steckt in der Krise. Airbus leidet unter sinkenden Aufträgen der rezessionsgeplagten Fluglinien. Edzard Reuter muß all diese Probleme aktiv und möglichst schnell angehen.
Mit schuld an der Airbus-Krise ist Hans Friderichs. In fünf Jahren Amtszeit als Vorsitzender des Airbus-Aufsichtsrates hat sich der ehemalige Bundeswirtschaftsminister und Ex-Dresdner-Bank-Chef nicht als Luftfahrtexperte profilieren können. Anders als Franz Josef Strauß, sein Vorgänger im Airbus-Aufsichtsrat, hat Friderichs es nicht geschafft, erfolgreich internationale Kontakte spielen zu lassen.
Außer um handfeste politische Unterstützung muß sich Reuter auch um die Weichenstellung bei der Entwicklung eines Super-Jumbos kümmern. Bereits Anfang 1993 wird auf Betreiben der Deutschen Aerospace eine Arbeitsgruppe etabliert, in der die Airbus-Partnerfirmen Aérospatiale (Frankreich), British Aerospace, Casa (Spanien) und Dasa gemeinsam mit Boeing die Möglichkeiten einer Zusammenarbeit bei einem Super-Jumbo ausloten wollen. Das Credo damals: Der Markt für ein Flugzeug dieser Klasse sei mit rund vierhundert Maschinen zu klein für zwei Wettbewerber. Den Konkurrenten bliebe also nur die Wahl, das Risiko der gigantischen Investitionen gemeinsam zu tragen. Immerhin werden die Entwicklungskosten auf rund acht Milliarden Dollar geschätzt. Das ist doppelt soviel, wie Boeing für die neue 777 oder Airbus für die A 330/A 340 ausgegeben haben.
Besonders pikant beim Dasa-Vorstoß: Airbus Industrie war vom Flirt der eigenen Gesellschafter mit dem Erzrivalen Boeing ausgeschlossen worden. Prompt ging in Toulouse die Sorge um, Boeing könne es gelingen, einen Keil in die erfolgreiche europäische Flugzeugbau-Allianz zu treiben.
Alles längst Geschichte: Inzwischen wird formal zweigleisig gefahren. Airbus Industrie wird in die noch bis März 1995 laufende zweite Phase der Machbarkeitsstudie eingebunden –

in beratender Funktion für Marketingfragen. Auf der anderen Seite haben sich die europäischen Flugzeugbauer selbst an die Arbeit gemacht. Die Toulouser glauben nämlich, daß Boeing keineswegs ernsthaft vorhat, gemeinsame Sache mit den Europäern zu machen. Sie gehen davon aus, daß in der Boeing-Konzernzentrale in Seattle schon bald die Entscheidung fallen dürfte, die 747 nochmals weiterzuentwickeln, so daß sie rund sechshundert Passagiere befördern kann.
Um von der Entscheidung der Amerikaner unabhängig zu sein, haben die Airbus-Partner grünes Licht für ein »Integriertes eigenes Team« gegeben: Entwickler der Partnerfirmen und des Konsortiums arbeiten an Konzeptstudien für einen Europa-Jumbo – vorläufige Arbeitsbezeichnung: Airbus A 3 XX. Der neue Flieger soll 840 Sitze haben, in einer verlängerten Ausführung könnten sogar tausend Passagiere befördert werden. Um aber auch gegenüber einem verbesserten Boeing-Jumbo Marktchancen zu haben, sollen die Betriebskosten etwa 15 Prozent geringer sein.
Angesichts der enormen Entwicklungskosten von 10 bis 15 Milliarden Mark kann die Maschine aber nur von einem Konsortium gebaut werden – wenn sie wirtschaftlich fliegen soll. Die Dasa hält sich die Option offen, den Großraum-Jet sowohl mit Boeing und den Japanern zu bauen, als auch mit den Russen zu kooperieren.
Einen Haken gibt es allerdings: Niemand weiß in Toulouse, wie A 3 XX finanziert werden soll. Das Problem sind die Subventionen. Nach den GATT-Vereinbarungen vom Sommer 1992 dürfen in neue Zivilflugzeugprojekte nur noch maximal 33 Prozent öffentliche Subventionen fließen. Bisher machten die Fördermittel für die Airbus-Bauer bis zu 90 Prozent der Entwicklungskosten aus. Ein Hintertürchen haben sie allerdings schon gesichtet: die sogenannten »indirekten« Subventionen für Technologievorarbeiten in der Aerodynamik und der Werkstofftechnik.

Manfred Bischoff, der am 20. Oktober 1994 vom Aufsichtsrat zum neuen Aerospace-Chef gewählt wurde, übernimmt nicht gerade ein wohlbestelltes Haus. Die Daimler-Benz Aerospace hat zwar gewisse Stärken auf dem Flugzeugmarkt und ist einer der Führer in der europäischen Raumfahrt, aber wie in der Antriebs- und Verteidigungstechnik sind die Bereiche, am internationalen Maßstab gemessen, zu klein und nur über Kooperationen ausbaufähig. Außerdem wird sich der zivile Luftfahrtsektor nach Branchenanalysen nicht wesentlich vor 1997/98 beleben. Macht der Konzern 1995 Gewinne, ist dies wohl in erster Linie darauf zurückzuführen, daß die Forschungs- und Entwicklungskosten kräftig zusammengestrichen werden und der Militärbereich wieder profitabel arbeitet. Auf Dauer ist für den militärischen Flugzeugbau entscheidend, ob der Eurofighter als Tornado-Nachfolgeprodukt gebaut wird oder nicht. Bei einer negativen Entscheidung – die Bundesregierung hat den Beschluß für 1995 terminiert – stehen Tausende von Arbeitsplätzen auf dem Spiel mit entsprechend drastischen Belastungen für das Konzernergebnis und Anpassungsprozessen bis weit in die zweite Hälfte der neunziger Jahre. Bekommt Daimler-Benz den Zuschlag für das neue Kampfflugzeug, kann es Manfred Bischoff gelingen, ab 1997 eine den Wettbewerbern vergleichbare Ertragsfähigkeit und Betriebsergebnismargen zwischen 3 und 3,5 Prozent in der Spitze zu erzielen.
Auszahlen werden sich auf jeden Fall die enormen Rationalisierungsanstrengungen. In Anpassung an sinkende Verteidigungs- und Raumfahrtbudgets der öffentlichen Haushalte baute der Vorstand drastisch Personal ab und schloß sechs Werke im Inland. Nachdem während des Jahres 1993 bereits etwa 8200 Stellen weggefallen sind, werden bis zum Jahresende 1996 weitere 13 000 Arbeitsplätze gestrichen. Das Einsparpotential liegt insgesamt bei 1,6 bis 1,7 Milliarden Mark. Das größte Handicap, an dem die Dasa nach wie vor krankt, ist

die Kostensituation. Bekommt Bischoff sie nicht mit aggressiven Maßnahmen in den Griff, muß jede Planung scheitern. Die Dasa hat die niedrigste Kapitalumschlaggeschwindigkeit in der ganzen Branche. Ein Analyst von Goldman & Sachs: »So niedrige haben wir noch bei keiner Flugzeugfirma gesehen.« Mit den geringsten Kosten dagegen kann General Electric aufwarten.

Gelingt Manfred Bischoff, dem sein Vorgänger Schrempp »strategische Weitsicht und wirtschaftlichen Realismus« bescheinigt, der Turnaround, kann er nach einem Verlust von fast 500 Millionen Mark 1992 im Jahr 1997 einen Gewinn von fast einer halben Milliarde Mark vorlegen. »Ich bin«, sagt Bischoff und verfällt dabei, ganz gegen seine sonstige Art, ins Englische, »eine Art Life-Cycle-Manager.« Will sagen: Über den wirklichen Erfolg seiner Arbeit wird endgültig erst in zehn, fünfzehn oder gar zwanzig Jahren abgerechnet, womöglich erst in seinem Ruhestand. Über kurzfristigere Gewinne oder Verluste im Weltmarktgeschäft entscheidet nicht zuletzt die Devisenspekulation: »Wir sind die Superhelden, wenn der Dollar bei zwei Mark steht«, kann sich Bischoff ausrechnen. »Bei eins fünfzig dagegen gelten wir als Versager.«

Manfred Bischoff, der seit 1989 als Finanzchef bei der Dasa von Anfang an dabei ist, bildet mit dem Daimler-Benz-Chef Jürgen Schrempp ein »eingespieltes Team von geräuschloser Effizienz«, so die »Zeit«. Der neue Aerospace-Chef sieht in seiner Rolle mehr als nur die eines »kaufmännischen Gewissens«. Es nütze überhaupt nichts, nur zu sparen, man »muß auch bereit sein, an der richtigen Stelle die Ausgaben drastisch zu erhöhen, wenn damit die Zukunft wirtschaftlich gesichert werden kann«. Bischoff ist sicher: »Kommen wird die Erweiterung des Gesellschafterkreises bei Fokker sowie bei der Daimler-Luftfahrt.« In der Endphase stellt er sich »eine europäische Lösung ähnlich dem Airbus-Konsortium« vor. Wichtigster Partner wird dabei die französische Aérospatiale sein.

Als Chef der Daimler-Benz Aerospace stellt Bischoff gleich von Anfang an klar: »Man muß aufpassen, daß man die Finanzierbarkeit der Projekte im Griff behält. Das heißt, wir müssen manche früher gehegten Ansprüche auf alleinige Systemführerschaft zurückschrauben – deswegen machbare Visionen. Es ist schön zu sagen, wir beherrschen alles allein. Aber wenn das finanziell nicht durchzuhalten ist, nutzt einem die Vision allein nichts.«

Jürgen Schrempp hat es geschafft, die Deutsche Aerospace zum Abheben zu bringen. Ein Höhenflug ist es nicht geworden. Sein Nachfolger Manfred Bischoff muß nun mit der Daimler-Benz Aerospace zum sanften Gleitflug ansetzen, damit er – wenn es sein muß – rechtzeitig landen kann.

7. Kapitel

Daimler-Benz Interservices debis: Riskanter Kurs

»Wenn als oberstes Unternehmensziel der Leistungsbeitrag für die Gesellschaft gesehen wird, kommt die Übernahme einer Führungsverantwortung der Ausübung eines Mandats gleich. Daraus folgt, daß, wer – aus welchen Gründen auch immer – den Anforderungen seiner Position nicht mehr entsprechen kann, selber zurückzutreten hat beziehungsweise abgelöst werden muß.«

Reinhard Mohn

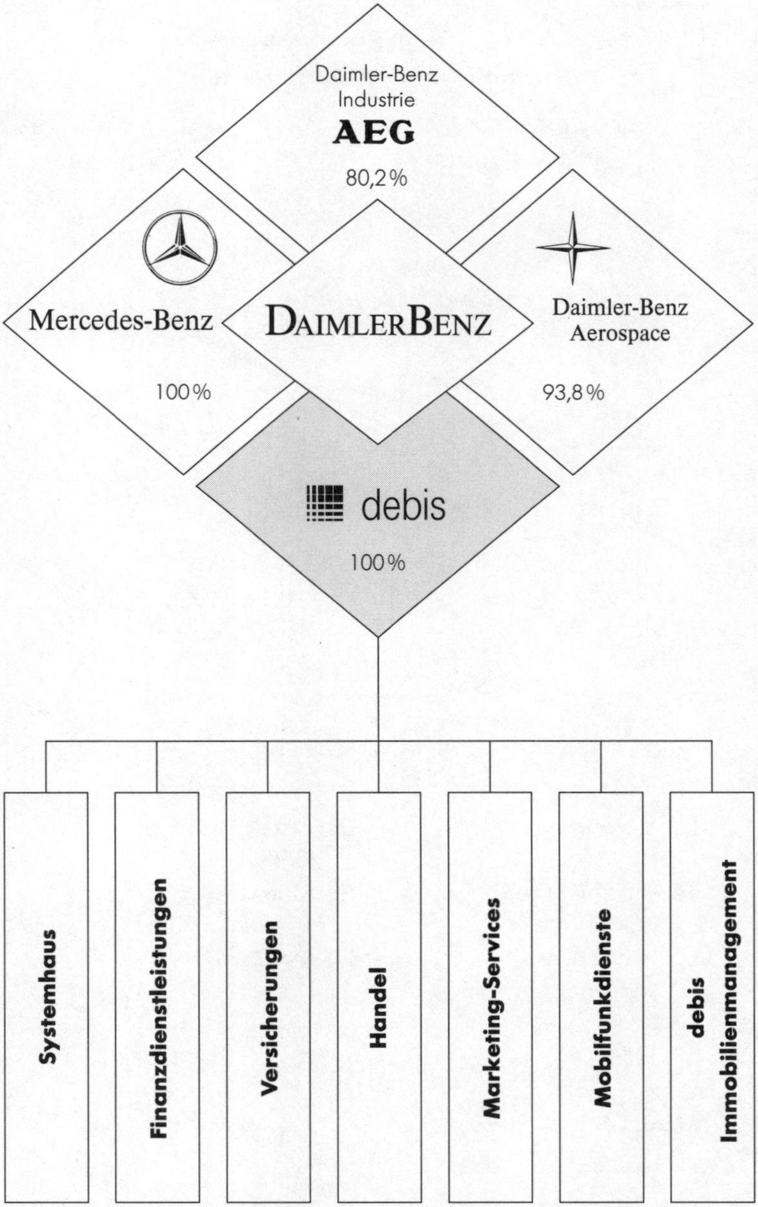
Daimler-Benz
Industrie
AEG
80,2%
Mercedes-Benz
100%
DAIMLERBENZ
Daimler-Benz
Aerospace
93,8%
debis
100%
Systemhaus
Finanzdienstleistungen
Versicherungen
Handel
Marketing-Services
Mobilfunkdienste
debis
Immobilienmanagement

debis
Gesamtleistung nach Bereichen

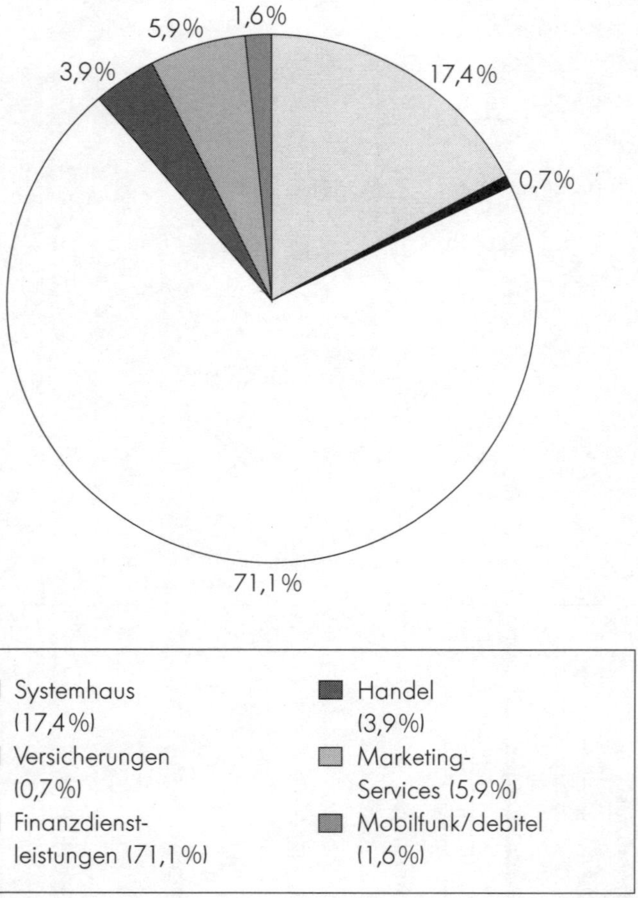

Umsatz
9,5 Mrd. DM

Quelle: Geschäftsbericht 1993 Deutsche Bank Research

Opfer eines Monomanen

Wirklich Neues hat Edzard Reuter nie erfunden. Die Konzernstrategen von Daimler-Benz holten sich ihre ersten Ideen für ein einheitliches Datenverarbeitungskonzept aus Dallas, bei Electronic Data Systems (EDS). »Das ging total emotionslos über die Bühne«, berichtet ein EDS-Europamanager. »Ich glaube, daß wir in den vielen Gesprächen, die wir mit Mercedes geführt haben, wertvolle Ideen weitergegeben haben, auf die man heute zurückgreift.«

EDS – dahinter steckt die Idee des amerikanischen Firmengründers Ross Perot, der vor 35 Jahren als junger IBM-Vertreter das Dienstleistungsgeschäft entdeckte. Nicht mehr Hardware oder Software werden allein verkauft, sondern alle Dienstleistungen von der Programmierung bis zum Operating werden als Paket angeboten. Die Nachfrage nach solchen DV-Paketen ist enorm. Immer mehr Konzerne erkennen die Bedeutung des Produktionsfaktors Informationsverarbeitung, verfügen jedoch oft nicht über die personellen und technischen Ressourcen für die hohen Ansprüche im eigenen Hause. So gehen Großunternehmen wie Unilever, Caterpillar, Danone, Hoechst, BASF oder die Dresdner Bank dazu über, ihre Datenverarbeitung – oder Teile davon – extern abwickeln zu lassen. Das erspart nicht nur Kosten, sondern bietet zudem bei den unterschiedlichen Daten- und Kommunikationssystemen auch den großen Vorteil, ein maßgeschneidertes Konzept geliefert zu bekommen.

Zunehmend wichtiger werden außerdem europa- oder weltweit betriebene Kommunikationsnetze. Die aber aufzubauen übersteigt oft die Kapazität selbst großer Konzerne. Das muß Anfang der achtziger Jahre auch der größte Automobilkonzern der Welt, General Motors (GM), feststellen. Die simple Schlußfolgerung in Detroit heißt: Was wir nicht haben, kaufen wir. GM-Chef Roger Smith blättert 1985 2,5 Milliarden

Dollar auf den Tisch von EDS-Gründer Ross Perot. Der Deal lohnt sich für GM in zweierlei Hinsicht: Die EDS-Spezialisten bringen die EDV-Aktivitäten des verschlafenen Autoriesen auf Trab. Und – der EDV-Dienstleister ist höchst profitabel: 78000 Mitarbeiter setzen 1994 zehn Milliarden Dollar um, davon drei mit der Mutter GM. Die Bruttoumsatzrenditen liegen zwischen 13 und 14 Prozent.

Edzard Reuter packt es einige Jahre später anders an: Erst auslagern, zusammenfassen – und dann zukaufen. Besessen von seiner Vision des integrierten Technologiekonzerns, hält er die Datenverarbeitung für das Herzstück. Vor Augen hat er dabei die komplexen Datenprozesse und Kommunikationssysteme der Zukunft.

Im November 1989 werden die Weichen für den vierten Unternehmensbereich neben Mercedes-Benz, AEG Daimler-Benz Industrie und Daimler-Benz Aerospace gestellt. Die debis AG besteht aus den Geschäftsbereichen Systemhaus – er umfaßt alle Computerdienstleistungen von Rechenzentren über Software bis hin zu Netzwerken –, Versicherungen, Finanzdienstleistungen, Marketing-Services, Handel, mobile Kommunikation und Immobilienmanagement.

Die schwierige Aufgabe des Aufbaus überträgt Reuter dem langjährigen Weggefährten Manfred Gentz. Der promovierte Jurist, seit 1983 Personalvorstand bei der Muttergesellschaft in Stuttgart, der den Grundsatz der »Kontinuität« in der Personalpolitik des Konzerns geprägt hat, übernimmt 1990 die Führung des jüngsten und kleinsten Geschäftsbereichs im Daimler-Konzern.

Für den Schlüsselbereich der debis, das Systemhaus, holt sich Manfred Gentz 1990 Karl-Heinz Achinger. Von 1970 bis 1989 war Achinger für EDV und Organisation bei der Motoren- und Turbinen-Union GmbH (MTU) zuständig und zugleich Geschäftsführer der MTU Informationssysteme GmbH.

Achinger beschneidet als erstes den Wildwuchs im Konzern

bei Rechenzentren. Am Ende werden aus fünfzig EDV-Zentren zwölf; für den Konzern bedeutet dies eine Kosteneinsparung von 12 Prozent oder rund 60 Millionen Mark. Darüber hinaus muß er rund siebenhundert Software-Entwickler aus allen Teilen des Konzerns zusammenbringen. Das Ziel ist es, hausinterne Kosten radikal zu senken und die daimlerinternen Beratungs- und Serviceleistungen sowie Software-Produkte an Drittkunden zu vermarkten.
Das Leistungsportfolio des debis Systemhauses setzt sich aus folgenden Segmenten zusammen:

- Consulting,
- Informationssystem-Management/Computer-Communication-Services,
- Software-Projekte,
- Software-Produkte,
- Schulung und Training.

Es wird von verschiedenen Einzelgesellschaften getragen, die in Geschäftsfeldern zusammengefaßt sind.
Das Segment Consulting umfaßt die von der Diebold-Gruppe betreute Management-, Organisations- und Informatikberatung sowie die SCS Personalberatung. Das debis Systemhaus CCS Computer-Communication-Services vertritt das breite Spektrum des Informationssystem-Managements mit umfangreichen Dienstleistungen für Rechenzentren, Netzwerke, dezentrale Systeme und die Sicherung einer permanenten DV-Verfügbarkeit. Software-Projekte und -Produkte sowie Schulung und Training zählen zum Tätigkeitsbereich von Cap debis Software und Systeme.
Kaum 24 Monate nach Amtsantritt verkündet Achinger allerdings seinen Mitarbeitern auf der Weihnachtsfeier: »Wenn 1993 nicht besser läuft, denken meine Frau und ich ans Retirement.« Und es läuft nicht besser. Denn noch immer steht das

Systemhaus, der am Umsatz gemessen zweitgrößte Bereich der debis, auf wackeligem Fundament. Während Systemhaus-Chef Achinger immer wieder aufs neue ein »zumindest ausgeglichenes«, wenn nicht »spürbar positives Ergebnis« verspricht, muß debis-Vorstandsvorsitzender Manfred Gentz immer wieder kleinlaut zugeben: »Im Systemhaus sind uns schwarze Zahlen nicht ganz gelungen.«

Nach internen Planungen wird der Geschäftsbereich zwar weiter wachsen – bis 1996 auf 2,2 Milliarden Mark Umsatz –, aber, wenn überhaupt, nur 80 Millionen Mark Gewinn erwirtschaften, nachdem er in den ersten vier Jahren fast 150 Millionen Mark Verlust anhäufte. Um die »dramatische Entwicklung am Markt für Informationstechnologie«, so debis-Chef Manfred Gentz, habe sich das Systemhaus-Management zu wenig gekümmert. Statt dessen steuert Karl-Heinz Achinger – seine Mitarbeiter sagen über ihn, er sei ein »extremer Machtpolitiker und gar ein Monomane«, der nach einem Zwölf- bis Vierzehnstundentag zu Hause nicht etwa Krimis, sondern Bücher über Technologie und Unternehmensführung liest – sein Haus auf riskanten Expansionskurs: Für rund eine Milliarde Mark kauft sich der Stuttgarter Konzern über seine neue Dienstleistungstochter Daimler-Benz InterServices AG (debis) bereits im Sommer 1991 einen 34-Prozent-Anteil an der Cap-Gemini-Holding Sogeti SA, Europas größtem Softwarehaus. »Wir wollen auf dem Gebiet der informationstechnischen Dienstleistungen gemeinsam zum globalen Keyplayer werden«, verkünden die Konzernstrategen bei Vertragsabschluß in Paris. Nicht nur das. Edzard Reuter erwirkt sogar die Option, bis 1995 mit 51 Prozent die Mehrheit an der Sogeti SA zu erwerben. Denn aus eigener Kraft schafft es der deutsche Industriekonzern nicht, eine weltweite Führungsrolle im Informatikgeschäft einzunehmen.

Doch Mehrheitsaktionär und Cap-Gemini-Gründer Serge Kampf traut der Sache nicht. Er ringt Reuter vorsorglich ein

Vetorecht gegen die weitere Aufstockung des Daimler-Anteils ab. Erst will er prüfen, was sich für immer binden soll. Darüber wiederum verschnupft, behält sich der düpierte Deutsche im Gegenzug das Recht vor, den Sogeti-Einstieg komplett rückgängig machen zu können. Manfred Gentz: »Na ja, es gibt die Möglichkeit von Herrn Kampf oder von Cap Gemini, daß sie unser Bezugsrecht für die Mehrheit zurückkaufen und damit wirkungslos machen können. Diese Klausel ist von Herrn Kampf gewünscht worden. Dagegen haben wir uns die Möglichkeit vorbehalten, uns mit unserem gesamten Anteil zurückzuziehen.«

Verständlich! Mißglückt das Stuttgarter Experiment, sind die hochfliegenden Zukunftspläne für das Systemhaus als internationaler EDV-Dienstleister in Frage gestellt. Für die Karriere des Karl-Heinz Achinger, dessen Führungsstil selbst Aufsichtsräte als »wenig zartfühlend« umschreiben, hat das Folgen. Er war schließlich die treibende Kraft hinter dem Frankreich-Geschäft der debis. »Irgendwann wird der Daimler-Vorstand nach seiner Milliarde fragen«, prophezeit ein Ex-Systemhaus-Manager, »und dann kann sich Manfred Gentz nur noch nach Achinger umdrehen.« Denn selbst als reines Finanzinvestment hat sich die Beteiligung nicht gelohnt. Nach dem Börsenwert der Sogeti-Aktie Ende 1994 müßten die Franzosen gerade mal die Hälfte von dem bezahlen, was sie 1991 von Daimler bekommen haben. 1995 muß der »Monomane« Achinger wohl seinen Stuhl räumen.

Manfred Gentz weiß das und sorgt vor. Er räumt schon im Juli 1994, als er gerade mit der Deutschen Bundespost Telekom erste Gespräche über eine mögliche Zusammenarbeit führt, ein: »Ich könnte mir auch mögliche Formen der Zusammenarbeit mit EDS vorstellen. Das ist ein unglaublich spannendes Unternehmen. Genau wie unsere Kollegen bei der Deutschen Aerospace merken auch wir, daß wir die Welt nicht mehr zu hundert Prozent beherrschen können. Wir müssen lernen, in verschiedenen Konstellationen zu arbeiten, ob mit oder ohne formale Mehrheit. Ich glaube, daß Unternehmen in Zukunft immer öfter partiell kooperieren und sich in anderen Bereichen Konkurrenz machen werden. Das ist psychologisch anfangs etwas schwierig, aber es wird nicht anders gehen.«

Klaus Mangold, der Neuling

Das wirkliche Kernstück der debis, der Wachstumsmotor, ist der Geschäftsbereich Finanzdienstleistungen. Er verzeichnet mit großem Abstand die höchsten Wachstumsraten innerhalb der Daimler-Gruppe. Von 1990 bis 1993 kann das Geschäftsvolumen von 4 auf 9,5 Milliarden Mark mehr als verdoppelt werden. Über 70 Prozent der Erlöse entfallen auf die Absatz- und Leasingfinanzierung im Fahrzeuggeschäft. Über 195 000 Neuverträge im Volumen von 12,9 Milliarden Mark wurden 1993 abgeschlossen (Vorjahr: 165 000). Der Gesamtbestand an laufenden Verträgen liegt 1993 bei 22,8 Milliarden Mark.
Bei den Finanzdienstleistungen geht die debis auch ungewöhnliche Wege, um den Absatz anderer Daimler-Benz-Töchter zu steigern. 1993 brachte sie zum Beispiel zwei steuerlich begünstigte Fonds zur Finanzierung von Linienflugzeugen auf den Markt. Weitere werden folgen. Im Geschäftsbereich Versicherungen werden Einsparmöglichkeiten im Bereich der Konzernversicherungen aufgespürt. In Zukunft ist nicht auszuschließen, daß der Konzern auch seinen über 300 000 Beschäftigten die Möglichkeit bietet, private Versicherungen günstiger über die debis abzuschließen – und daran Provision verdient.
In den Bereichen Handelsgeschäfte geht es vor allem um Rohstoffgeschäfte und Kompensationshandel mit devisenschwachen Märkten. Zum Beispiel kann Mercedes-Benz 1995 250 Omnibusse nach Usbekistan verkaufen, weil debis die Bezahlung in Form von Baumwolle und Kupferdraht vermarktet.

Die Marketing Services sorgt für »gewaltige Einsparungspotentiale« im Messebereich. Zu den Marketing Services gehört auch der Mediabereich, über den der Konzern »mit einer Stimme« spricht, wenn es um Rabatte, Provisionen bei Anzeigen und anderen Werbemaßnahmen geht. Der Bereich zählt zu einer der größten Agenturen in Deutschland.
Ein starkes Wachstum verzeichnet auch der Geschäftsbereich Mobilfunkdienste, die debitel. Sie schluckte die Bosch Telecom Service GmbH und ist mit einem Marktanteil von fast 25 Prozent der größte netzbetreiberunabhängige Mobilfunk-Anbieter in Deutschland.
Auch das debis Immobilienmanagement expandiert. Debis baut auf einem Areal von 68000 Quadratmetern am zentral gelegenen Potsdamer Platz im Herzen von Berlin insgesamt 178000 Quadratmeter Büro-, 70000 Quadratmeter Wohn- und 40000 Quadratmeter Ladenflächen. Außerdem werden die Spielbank Berlin, ein Musical-Theater und ein großes Kinocenter in den Komplex einziehen. Die letzten Bauten sollen 1998 fertiggestellt sein. Mitte 1997 wird die debis ihren Sitz in dem Gebäude beziehen. Das Bauprojekt soll insgesamt fast vier Milliarden Mark kosten. Allein die Bauinvestitionen belaufen sich auf 2,7 Milliarden Mark. Hinzu kommen über eine Milliarde Mark für Grundstücke und die Zinskosten.
Insgesamt erwirtschaften Ende 1994 rund achttausend Mitarbeiter in allen sieben Geschäftsbereichen elf Milliarden Mark – ein Zuwachs von 15 Prozent. Der größte Erfolg von Manfred Gentz: Mehr als 50 Prozent des Umsatzes werden mit konzernfremden Aufträgen externer Kunden erzielt.
Die Analysten der Deutschen Bank Research sind zuversichtlich: »Auch auf längere Sicht räumen wir der Gesellschaft ein überdurchschnittliches Expansionspotential ein, wenngleich die jährlichen Zuwachsraten sich sukzessive auf 12 Prozent bis 15 Prozent abschwächen könnten. Die Rentabilität sollte nach Auflösung der überwiegend konjunkturell bedingten Probleme

im Systemhaus auf 4,5 Prozent bis 5 Prozent (Betriebsergebnis vom Umsatz) steigen und auf diesem Level behauptet werden können. Zusammen mit dem Autosektor wird debis demnach auf längere Sicht der ertragsstärkste Bereich des Daimler-Konzerns bleiben.«

Die Kasse bei der jüngsten Daimler-Benz-Tochter klingelt. Nur hätte es dazu keiner Vision bedurft, denn das Geld stammt überwiegend aus dem Finanzierungsgeschäft von Pkw und Lkw. Die Verlierer sind in diesem Fall nur die Banken – oder die Daimler-Tochter Mercedes.

Ganz anders gelagert dagegen die Probleme beim Systemhaus. Sie sind nicht nur, wie die Analysten meinen, »konjunkturell bedingt«. Der Fehler steckt schon im Ansatz.

Der Posten des Vorstandsvorsitzenden der debis wird damit nicht attraktiver. Manfred Gentz war der erste, der das gemerkt hat. Er setzt sich nach einem fünfjährigen Ausflug in die »Dienstleistungsgesellschaft« nach Stuttgart ab. Unter Jürgen Schrempp wird Gentz Finanz- und Personalchef in einer Person. Gentz ist ein scharfer Analytiker, der es immer wieder schafft, sich schnell in neue Sachgebiete einzuarbeiten. Im Bereich Finanzen allerdings wird er der teuerste Azubi in der Daimler-Holding. Zudem muß er sich 1995 als Personalchef noch vorwiegend mit Tarifauseinandersetzungen herumplagen.

Seinen Nachfolger bei der debis kann Manfred Gentz kurz vor Weihnachten 1994 präsentieren. Nachdem die Suche nach einem Spitzenmanager über Monate hin im Ausland erfolglos verläuft – ein Insider: »Die haben über unsere Vorstandsgehälter nur gelacht« –, wird der Daimler-Vorstand in Deutschland fündig. Klaus Mangold, Chef des Großversandhauses Quelle, zieht es aus der Fürther Provinz zu Deutschlands Nummer eins. Der gelernte Jurist und Volkswirt, der in München, Genf, Bonn, Heidelberg, London und Paris studierte, wird die Weichen bei der debis neu stellen. Zwar steigt er wie schon bei

Quelle als Branchenfremder ein, er weiß sich jedoch auf glattem Parkett selbstbewußt darzustellen. Vom stellvertretenden Geschäftsführer der Deutsch-Mexikanischen Handelskammer in Mexico City bis hin zum obersten Verkäufer von Zigarettenfiltern beim französischen Chemiekonzern Rhône-Poulenc hat er breitgefächerte internationale Erfahrungen gesammelt. Besonders groß ist sein Erfahrungsschatz im Umgang mit französischen Elitemanagern. Strategisches Denken ist seine Stärke. Aber wenn es um die Umsetzung geht, fehlt ihm schon mal die Geduld. Bei Quelle mißachtete er den Grundsatz: Retail is detail.

Da Klaus Mangold die debis neben dem Finanzdienstleistungsgeschäft stärker auf die Telekommunikation orientieren wird, braucht er weltweit neue Partner, um im Orbit mitspielen zu können. Als erstes wird er die Zusammenarbeit mit der Daimler-Benz Aerospace forcieren. Für die künftigen weltumspannenden mobilen Kommunikationssysteme stellt sie die Kernprodukte her: zivile und wissenschaftliche Satelliten. Die Dasa investiert allein in das neue Geschäftsfeld Satelliten-Navigationstechnik bis zum Jahr 2000 160 Millionen Mark. Zusammen mit dem US-Konzern Rockwell International wurde ein Gemeinschaftsunternehmen, die Collins Dasa Avionic Systems – so der Arbeitstitel –, gegründet.

Außerdem muß Mangold das Multimediageschäft im Auge behalten. Das Zauberwort elektrisiert alle: Telefongesellschaften, Auto- und Computerfirmen, Verlage und Versandhäuser. Ein Milliardenmarkt entsteht, wenn Fernsehapparat, Videogerät, Personalcomputer, Kabel und Telefon vernetzt werden. »Jeder spricht mit jedem«, sagt ein Beteiligter im Multimediapoker. Es geht um Beteiligungen, um die immensen Kosten zu teilen und die Risiken zu begrenzen. Die Wachstumsraten sind enorm: Wurden im Multimediageschäft 1994 in Deutschland gerade mal 400 Millionen Mark umgesetzt, sollen es im Jahr 2000 13 Milliarden Mark sein.

Allerdings rechnen Branchenkenner nicht mit raschen Gewinnen. Die zum Daimler-Benz-Konzern gehörende Management- und Technologieberatung Diebold GmbH erwartet, daß die Multimediakommunikation erst ab 1998 »ein nennenswerter Wachstumsträger« sein wird. Für die Autoverkäufe von Mercedes-Benz könnten die debis-Aktivitäten besonders interessant im Vertrieb sein: Geforscht wird schon an einem Projekt für sprachgesteuertes Einkaufen am Bildschirm.
Für Klaus Mangold gibt es viel zu tun. Gelingt ihm der Schwenk, kann Daimler-Chef Jürgen Schrempp nach den Sternen greifen.

8. Kapitel

AEG Daimler-Benz Industrie: Tod auf Raten

»Nur Unternehmen, die ihr Tun in Frage stellen und sich dabei helfen lassen, indem sie in Kauf nehmen, in Frage gestellt zu werden, haben die Chance, richtig zu handeln.«

Edzard Reuter

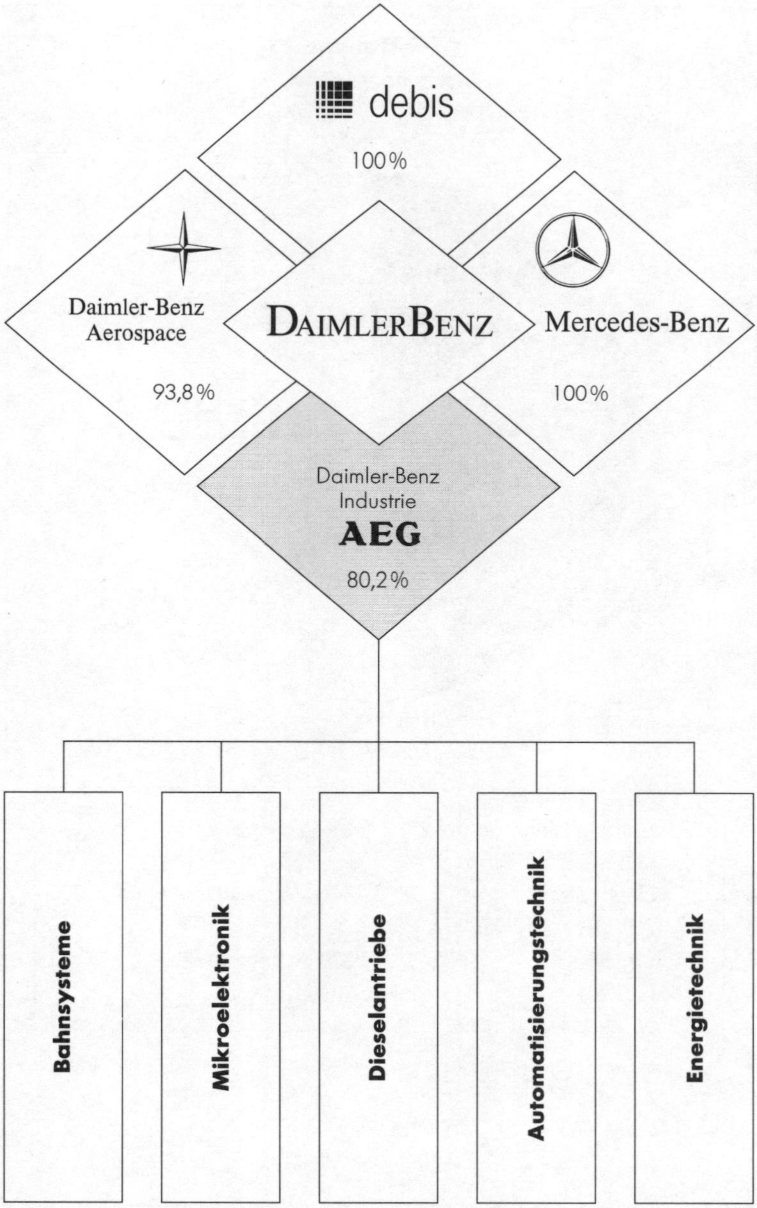
debis
100%
Daimler-Benz
Aerospace
93,8%
DaimlerBenz
Mercedes-Benz
100%
Daimler-Benz
Industrie
AEG
80,2%
Bahnsysteme
Mikroelektronik
Dieselantriebe
Automatisierungstechnik
Energietechnik

AEG-Umsatz
nach Bereichen

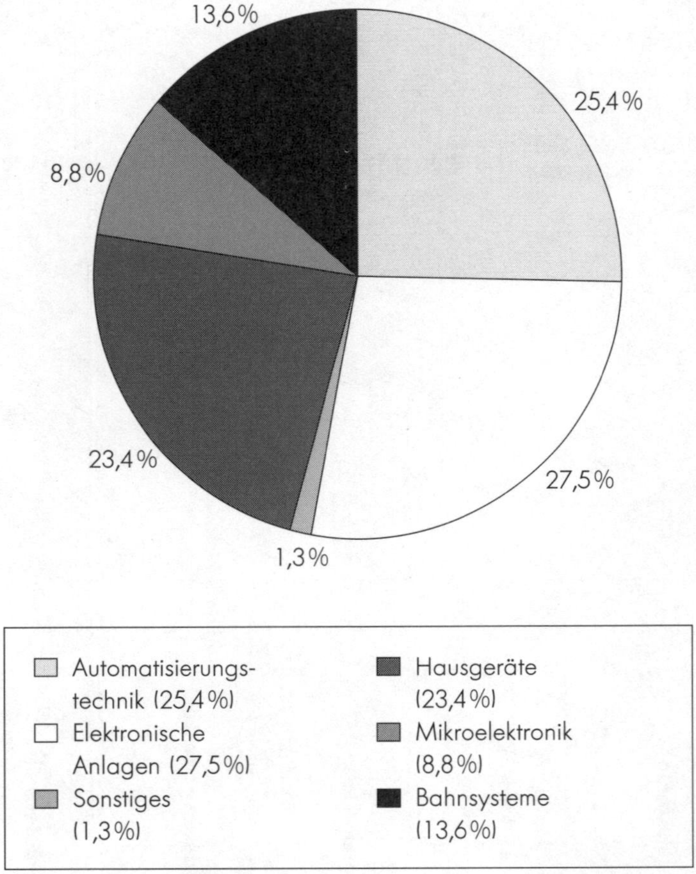

Umsatz
11,0 Mrd. DM

Quelle: Geschäftsbericht 1993 — Deutsche Bank Research

Der Steinbruch

Gelegentlich kommt Ernst Georg Stöckl erst im Morgengrauen nach Hause. Der AEG-Vorsitzende hat dann seinen Konzernchef Jürgen Schrempp getroffen. Die beiden Südbadener kennen sich schon aus Zeiten, wo sie ohne deutsche Wirtshäuser auskommen und mit »kolonialen Zuständen« (Stöckl) fertig werden mußten. Stöckl arbeitete unter Schrempp von 1980 bis 1986 bei Mercedes-Benz of South Africa, wo er, wie er formuliert, »Mädchen für alles« war. Nach offizieller Lesart leitete er das Ressort Rechnungs-, Finanz-, Personalwesen und Organisation.

Schrempp hat auch die Hand im Spiel, als Stöckl im Oktober 1990 auf den Chefsessel bei der AEG berufen wird. Als Boß der Mercedes-Tochter Freightliner, einem Hersteller von schweren Lastwagen in den USA, war er gerade gut in Fahrt gekommen. Er hatte den Marktanteil von Freightliner von 16 auf 23 Prozent gehievt.

Stöckl ist kein Daimler-Bürokrat, der sich von der Schule an im Konzern hochgedient hat. Nach dem Job in Südafrika, wohin ihn auch Landschaft und Wetter lockten, springt er erst mal bei Daimler ab und geht in den väterlichen Betrieb, ein Unternehmen der Galvanotechnik. Da muß er schon mal »mit Schweißausbrüchen auf den Tag warten, wo das Weihnachtsgeld fällig wurde, das nicht da war« – eine Erfahrung, die Daimler-Leute nicht zu machen pflegen. In seinen 25 Jahren in Daimler-Benz-Diensten bewährt sich der Diplomkaufmann dann vielerorts als kräftiger Ausputzer und Aufbauer.

Zwölf Stunden hat Stöckl Zeit für seine Entscheidung, ob er die Offerte von Daimler-Lenker Edzard Reuter annehmen und den schwierigen Sanierungsjob bei der dahinschlingernden AEG übernehmen soll. »Eine akribische Bestandsaufnahme konnte da nicht stattfinden«, bekennt Stöckl. Bei der AEG, von der er wenig Ahnung hat, reizt ihn einfach die Größe

des Unternehmens. Stöckl bereut die Hauruck-Entscheidung nicht: »Auch wenn ich Gewißheit gehabt hätte, hätte mich das nicht abgeschreckt.« Er wird nicht müde zu erzählen, wie er das Unternehmen wieder auf Vordermann bringen will: mit marketingorientiertem Denken und mit neuen strategischen Claims. Reuters Order heißt: »Eine Standortanalyse vornehmen und strategische Schwerpunkte setzen.«
Gar nicht lieb ist es Stöckl, wenn er als Axt im Walde hingestellt wird, als Sanierer, der beinhart die Kosten kappt. In AEG-Vorstandssitzungen versucht er einen Stil zu kultivieren, der sich von den dezenten Manieren der Stuttgarter Mutter abhebt. Da darf »einer schon mal aufspringen, um seinen Ärger loszuwerden«. Auch streift er bei Vorstandssitzungen gern sein Jackett ab. Der Boß kann zupacken, will er mit der Geste demonstrieren. Die Taten seiner Vorgänger und den Niedergang der AEG übergeht er mit gnädigem Schweigen.
1985 war's, da gelingt dem AEG-Chef Heinz Dürr ein wahres Kunststück. Er dient Edzard Reuter die AEG-Aktienpakete der Banken an – und sich selbst gleich mit. Dürr: »Der Daimler, der braucht so'n Kerle wi mi.« Reuter erwirbt die AEG-Mehrheit und stockt sie auf über 80 Prozent auf. Später mahnt er vergebens »Fokussierung« beim schwäbischen Duzfreund Dürr an und läßt ihn schließlich Ende 1990 gern zur Bundesbahn ziehen. »Wie stark ist die Selbstironie Dürrs?« fragt die »Frankfurter Allgemeine Zeitung«, als er sich beim Abschied aus der Industrie selbst im Film bewundert und bemerkt: »Diesem wunderbaren Mann hätte ich noch stundenlang zusehen können . . .«
Von Heinz Dürr, der nach über zehn Sanierungsjahren bei der AEG als oberster Privatisierer bei der Bundesbahn die Weichen stellt, übernimmt Stöckl eine schwere Last. Die Lage ist nach dem Urteil mancher Insider schlechter als Mitte der achtziger Jahre. Als Investitionsruine zu groß und als Zukunftsstütze zu klein, ist die AEG mehr denn je ein schwieriger

Fall für Daimler-Benz. Dürr ist es nicht gelungen, aus der AEG einen Großbetrieb zu formen, der sich reibungslos in das von Reuter vorgegebene Konzept eines »integrierten Technologiekonzerns« einfügt.
Die Schuld an den Strukturschwächen trifft Dürr freilich nicht allein. Daimler-Chef Edzard Reuter und seine Automanager, die an gemütliche Produktzyklen von gut zehn Jahren gewöhnt sind, reagieren auf den blitzschnellen Wandel in der Elektrowelt zu langsam. Werden wichtige Weichenstellungen bei Halbleitern, in der Bürokommunikation oder Bahntechnik auch nur um zwei, drei Jahre verzögert, gehen ganze Märkte verloren. Ein AEG-Mann kritisiert den Stil in der Reuter-Riege: »Es werden so lange Spielchen gemacht, Betriebe ein- und wieder ausgegliedert und umstrukturiert, bis die Chancen weg sind.«
Seit dem Vergleichsantrag 1982 gleicht die AEG einem Steinbruch:

1983
werden 75 Prozent der Anteile an Telefunken an das französische Unternehmen Thomson-Brandt verkauft. Die AEG-Telefunken heißt seit 1985 AEG AG.
1987
wird eine 25prozentige Beteiligung an der Transformatoren Union AG in Nürnberg an Siemens abgegeben. Das Bundeskartellamt hat der AEG den Verkauf im Zusammenhang mit der Daimler-Benz-Mehrheitsbeteiligung seit 1986 auferlegt.
1987
folgt der Verkauf der noch bei der AEG verbliebenen Anteile an der Frankfurter Telenorma an Bosch. Die 25-Prozent-Beteiligung an der KWU wird an Siemens abgegeben.

Dürr definiert nahezu jedes Jahr Bereiche, Geschäftsfelder und Vorstands-Ressort neu. In den Jahren 1986 bis 1988 beschränken sich seine organisatorischen Aktivitäten weitgehend darauf, die früher Unternehmensbereiche genannten Betätigungsfelder der AEG in sogenannte strategische Geschäftsfelder zusammenzufassen. Er schreckt nicht davor zurück, zusammengelegte Felder schon nach kurzer Zeit wieder zu trennen:

1988
wird der Unternehmensteil Dampfturbinen der Tochter AEG-Kanis in Nürnberg an die Schweizer ABB verkauft und die Feinmechanischen Werke Mainz an Mannesmann.
1989
geht der gesamte Unternehmensbereich Luft-, Raumfahrt- und Wehrtechnik an die Deutsche Aerospace AG. Dieser Handel innerhalb des eigenen Konzerns ist der größte Coup. AEG erhält von der Konzernmutter für das Technologiepaket etwa 1,4 Milliarden Mark, das Geschäft bedeutet für Daimler-Benz ein Umsatzplus von etwa zwei Milliarden Mark und zusätzliche Erträge von rechnerisch etwa 100 Millionen Mark.
1990 und 1993
werden die Turbinen und Generatoren der AEG-Kanis an die französisch-britische GEC Alsthom verkauft.

Der brutalste Schnitt erfolgt intern. Mitte 1990 strippt der Daimler-Konzern das AEG-Finanzressort kräftig ab. So entzieht ihm der Daimler-Chef unter anderem die Zuständigkeit für Geldgeschäfte mit Banken zugunsten eines zentralen Cashmanagements in der Holding. Danach legt Reuter den Finanzrest mit dem ebenfalls zusammengestrichenen AEG-Ressort Betriebswirtschaft zusammen, das der schwäbischen Holding vor allem die Zuständigkeit für den Bereich Steuern überlassen muß.
Damit nicht genug: Auf Daimlers Anordnung hin tritt die AEG weitere Funktionen an debis ab. So übernimmt die debis

Systemhaus GmbH die operativen Bereiche etlicher AEG-Rechenzentren. Das Systemhaus schluckt die AEG-Softwaretochter GEI-Gesellschaft für elektronische Informationsverarbeitung mbH. Und der AEG-eigene Versicherungsmakler EAS Assekuranz Vermittlungs GmbH geht in der debis-Abteilung Versicherungen auf. Federn lassen muß auch der Zentrale Marketingbereich der AEG. Er geht an die debis Marketing Services GmbH.

1991
wandert die AEG Kabel an die Alcatel-Alsthom-Gruppe und der Bereich Elektrowerkzeuge an die schwedische Atlas Copco AB.
1992
wird AEG Olympia geschlossen. Die Gesamtverluste allein bei Olympia belaufen sich in den letzten zehn Jahren auf zwei Milliarden Mark. Die AEG Mobile Kommunikation geht an Matra. AEG übernimmt die ostdeutsche LEW Schienenfahrzeuge Henningsdorf. Stöckl wird ordentliches Mitglied im Daimler-Benz-Vorstand.
1993
wird die Kiepe Elektric (Eisenbahntechnik) von GEC Alsthom übernommen.
1994
werden die AEG Zähler an Schlumberger und die AEG Lichttechnik an Philips verkauft. Zwar wird von der Dasa die MTU Friedrichshafen übernommen, der AEG-Ausverkauf geht jedoch munter weiter.

Ernst Georg Stöckl, der Verkäufer

Ernst Georg Stöckl und Leif Johansson, Chef des schwedischen Electrolux-Konzerns, setzen ihre Unterschriften unter einen Vertrag: Für 800 Millionen Mark übernehmen die Schweden die restlichen 80 Prozent der AEG-Hausgerätesparte; 20 Prozent gehören ihnen schon. Zusammen hat Stöckl damit 960 Millionen Mark für den einzigen halbwegs profitablen Bereich seines Konzerns herausgeschlagen, von dem Heinz Dürr immer behauptete: Die traditionsreiche Hausgeräteschaft sei für die AEG »unverzichtbar«. Die AEG-Hausgeräte-Manager begrüßen die neuen Herren überschwenglich. Sie sind heilfroh, den High-Tech-Strategen des Daimler-Konzerns, dessen Spitzenmanager nie echtes Interesse an Herden, Kühlschränken und Waschmaschinen gezeigt haben, entronnen zu sein.

Der 1883 gegründete Elektrokonzern AEG, der noch in den siebziger Jahren mit Siemens gleichziehen wollte, mutiert so zum Nischenanbieter ohne europaweite Marktmacht. Nur bei Briefsortieranlagen ist AEG Weltmarktführer. Stöckl kommt nicht umhin, weitere Anteile für Partner zur Verfügung zu stellen, um genug Geld für die Schlüsselaktivitäten des Konzerns bei der Mikroelektronik und Bahntechnik in die Kasse zu bekommen. Zehn Jahre nach der Übernahme von Daimler-Benz ist AEG unter Wettbewerbsgesichtspunkten in keinem besseren Zustand als 1985: Kein Geschäftsbereich ist in der Welt führend.

Damit Stöckl jeden Unternehmensteil notfalls auf dem Tablett servieren kann, baut er den Konzern zur Holding um, mit möglichst kleinen, selbständigen Einheiten. Das entspricht nicht nur der gängigen Managementlehre, nach der Großunternehmen wie Mittelständler am Markt auftreten sollen, sondern macht die einzelnen Unternehmensteile auch handlich für Kapitalbeteiligungen. Die Folge: Der Elektrokonzern AEG löst sich in seine Bestandteile auf und verschwindet hinter größeren Partnern.

Die Sprüche, die den Auflösungsprozeß begleiten, sind fast immer die gleichen. Im Oktober 1988 verkündet Dürr, das

Unternehmen werde »nicht kleiner, sondern feiner«. Sein Amtsnachfolger Stöckl beharrt im November 1991 auf »Eigenständigkeit« des Konzerns und verspricht: »Wir werden nicht immer kleiner werden.« 1992 verkündet Stöckl: »Unser Ziel ist die finanzielle Autarkie.« Im Dezember 1993 will Stöckl einen »bunten Strauß von Allianzen« schließen und sich von allen Bereichen trennen, die »keine strategischen Funktionen« haben. »Wir haben unser Rollenverständnis neu definiert«, sagt er. Auf einer Führungskräftetagung in Luxemburg fragt Stöckl provokativ seine Manager: »Durchbruch oder Steinbruch?« Wohlwissend, daß mit der Umfirmierung in AEG Daimler-Benz Industrie Abschied vom Traum genommen wird, in der angestammten Branche jemals ganz vorn zu sein. Die vollständige Firmenbezeichnung AEG Daimler-Benz Industrie AG belegt deutlich, daß die AEG weg von einem Elektro-Konzern hin zu einer reinen Holding mutiert, in der alle industriellen Daimler-Aktivitäten außerhalb des Flugzeug- und Automobilbaus gebündelt werden. Doch das ist noch nicht das Ende.

Vom vielbeschworenen Synergieeffekt im großen Daimler-Verbund ist wenig zu spüren. Im Gegenteil. An der Börse schwirrt immer mal wieder das Gerücht umher, die gesamte AEG solle verscherbelt werden. Bei AEG wird vermutet, die Gerüchte würden gezielt von Mercedes-Managern gestreut. Verständlich wäre es, denn der Stuttgarter Konzern hat fünf Milliarden in die AEG gesteckt und nur wenig Hoffnung auf einen respektablen Return on Investment.

Neben der Bahntechnik und der Mikroelektronik zählt Stöckl die Dieselantriebe zu den entscheidenden Geschäftsbereichen der AEG. Die Energie- und Automatisierungstechnik paßt im Grunde nicht mehr ins Konzept. »Wenn die AEG heute neu erfunden würde, gäbe es die Energietechnik nicht mehr«, vermutet der AEG-Vorsitzende.

Die Geschäftsziele der AEG richtet Stöckl verstärkt auf die strategische Positionierung des Daimler-Benz-Konzerns aus.

Demzufolge wird die AEG diejenigen Geschäftsaktivitäten umfassen, die:

- zum verkehrstechnischen Stammgeschäft des Technologiekonzerns Daimler-Benz schienengebundene Produkte und Systeme beisteuern,
- den für alle Konzernteile strategisch wichtigen Technologiezugriff in der Mikroelektronik vorhalten und extern vermarkten,
- die industriellen Konzernaufgaben wahrnehmen, die nicht im engen Sinne zum Automobilbereich oder zur Luft- und Raumfahrt gehören, sowie jene, die aus dem eigenen technischen Stammgeschäft hervorgegangen sind.

Teil der Neuorientierung des Konzerns unter Ernst Georg Stöckl ist die geplante Abgabe von Aktivitäten, die nicht zu den strategischen Kernbereichen der AEG und des Daimler-Benz-Konzerns gehören. Statt Masse soll nun Klasse AEG nach vorne bringen. Doch selbst für Marktnischen ist die AEG oft zu klein. »Wir brauchen Partner in allen Bereichen«, klagt der AEG-Sanierer und sucht Anschluß, wo immer er ihn findet. Die amerikanische General Electric übernimmt Teile der Automatisierungstechnik, das sogenannte antriebsorientierte Anlagengeschäft. Das gleiche gilt für die AEG-Niederspannungstechnik. Die Produktion von Elektrozählern soll komplett an die britische GEC verkauft werden. Der Umsatz von zehn Milliarden Mark soll bis 1998 um 50 Prozent wachsen – dann hat er wieder das Niveau von 1980 erreicht!
Der Bereich Dieselantriebe wird kräftig gestärkt. Nachdem die MTU Motoren- und Turbinen-Union Friedrichshafen seit dem 1. Juli 1994 nicht mehr bei der Aerospace, sondern bei der AEG liegt, geht es wenigstens hier vorwärts. Der Hersteller von Dieselmotoren will durch eine umfassende Zusammenarbeit mit der amerikanischen Detroit Diesel Corporation (DDC),

Detroit/Michigan, seine Stellung in Amerika und auf den internationalen Märkten ausbauen. Ziel der Zusammenarbeit von MTU und DDC ist es, zu den beiden amerikanischen Weltmarktführern bei großen Dieselmotoren, Caterpillar und Cummins, aufzuschließen. DDC ist der Wunschpartner für die strategisch notwendige Partnerschaft. DDC ist in der Nordamerikanischen Freihandelszone (Nafta) in Amerika, Kanada und Mexiko mit einer flächendeckenden Verkaufsorganisation vertreten und verfügt über große Erfahrungen in der Entwicklung kostengünstiger Motoren. Der Daimler-Benz-Konzern ist schon länger über eine Tochtergesellschaft mit 20 Prozent an DDC beteiligt. Ferner arbeitet Mercedes-Benz mit DDC bei Dieselmotoren für Lastwagen eng zusammen.
Den Anschluß zur Weltspitze will Stöckl dadurch erreichen, daß DDC und MTU ihren internationalen Vertrieb harmonisieren. Die Produktprogramme ergänzen sich gut. Die Friedrichshafener erhoffen sich vor allem einen besseren Zugang zu den Nafta-Märkten, wo sie bislang allenfalls eine Nische besetzen. Durch die Vertriebszusammenarbeit, die eine gegenseitige Verkaufs- und Kundendienstunterstützung einschließt, wird aber auch die Marktpräsenz außerhalb der Nafta besser und stärker werden.
Darüber hinaus werden MTU und DDC gemeinsam zwei neue Motorbaureihen entwickeln, produzieren und vermarkten. Die Dieselmotoren mit einer Leistung von 400 bis 3700 PS für Schiffahrt, Schwerfahrzeuge, Stromaggregate und die Eisenbahn sollen neue wirtschaftliche, technische und ökologische Standards setzen. Das neue Motorenprogramm, dessen Serieneinführung für Ende 1996 geplant ist, wird Entwicklungs- und Investitionskosten in Höhe von insgesamt etwa 160 Millionen Mark verschlingen.
Was Stöckl mit der MTU gelingt, fehlt ihm jedoch noch in der äußerst kostspieligen Mikroelektronik, deren Aktivitäten in der Temic zusammengefaßt sind. Er braucht einen starken

japanischen oder amerikanischen Partner, der enge Verbindungen in der Konsumelektronik, Telekommunikation und Datenverarbeitung besitzt. Nachdem schon gemeinsam mit dem kanadischen Autozulieferer Magna Airbags produziert werden, stehen weitere Kooperationen bevor. In Frage könnte Mitsubishi kommen. Oder ein großer deutscher Autozulieferer, da die Komponentenfertigung die Zukunft bestimmt. Die Devise heißt: Systeme statt Einzelteile. »In Zukunft werden mehr Teile in deutschen Autos gleich sein«, weiß Hansjörg Manger, bei der Robert Bosch GmbH für das Kfz-Geschäft verantwortlich.

Die Automanager wollen ihre Wagen nicht mehr vom Kühlergrill bis zum Rücklicht Stück für Stück zusammensetzen lassen, sondern möglichst große Montageeinheiten zusammenfügen: also ganze Achsen samt Rädern, komplette Armaturenbretter und vollständige Motorsteuerungen. Die Entwicklung ist absehbar: Das neue BMW-Werk in den USA kommt mit 44 Lieferanten aus – bislang ein einsamer Rekord. Noch weniger werden es beim von Mercedes-Benz mit Vollgas entwickelten Micro-Compact-Car sein. Es wird praktisch nur noch aus ein paar Baugruppen zusammengesteckt werden.

Der Stuttgarter Zuliefergigant Bosch, die Nummer eins in der Welt der unabhängigen Autozulieferer, kann seine Innovationskraft gegen die Wettbewerber voll ausspielen. »Wenn etwas besonders schwierig ist, kommt die Autoindustrie häufig zu uns«, weiß Bosch-Manager Manger. Künftig kann in der Autobranche nur zuliefern, wer auch bei der Entwicklung vorne ist. Zudem sind durch eine enge Zusammenarbeit mit dem Kunden bei neuen Erzeugnissen Kostensprünge von 20 bis 30 Prozent möglich. Die muß auch Mercedes nutzen. Da aber eine zu enge Zusammenarbeit mit dem Stuttgarter Nachbarn Bosch aus Kartell- und Wettbewerbsgründen nicht möglich ist, bietet sich für AEG ein idealer Kandidat in Düsseldorf an: Mannesmann.

Der Düsseldorfer Konzern macht inzwischen rund ein Viertel seines Umsatzes von 30 Milliarden Mark mit Geschäften rund ums Auto – auf der Weltrangliste steht er auf Platz sieben. Die Ende der achtziger, Anfang der neunziger Jahre zugekauften Firmen Fichtel & Sachs und VDO werden vom Fahrzeugtechnik-Vorstand Wolfgang Peter, Ex-Chefentwickler von Mercedes-Benz, mit hohem Einsatz zu Systemlieferanten ausgebaut. Nach anfänglich schweren Verlusten ist die Gewinnschwelle überschritten. Während Fichtel & Sachs das Traditionsgebiet Fahrwerktechnik ausbaut, stößt Mannesmann mit VDO ins Geschäft mit Motorsteuerungen und ins Cockpitmanagement vor. Was früher schlicht Tachometer hieß, dient heute als Multifunktionsinstrument der umfassenden Fahrerinformation. Und der Mannesmann-Mobilfunk D2 eröffnet den Zugang zur Kommunikation nach außen. Alles, was Stöckl fehlt, hat – wie interne Mercedes-Analysen belegen – Mannesmann zu bieten.
Auch in der Bahntechnik muß Stöckl möglichst schnell die Produktionskosten senken. Dafür kann er auf einem enorm wachstumsstarken Markt mitspielen. Nach einer Untersuchung des Konkurrenten Siemens wächst das Potential von 1995 bis zum Jahr 2000 von 42 auf 60 Milliarden Mark. Vor allen Dingen im vereinten Deutschland ist 1996/97 mit einem Boom bei konventionellen Lokomotiven für Langstrecken zu rechnen. Allerdings trifft der AEG-Chef mit Siemens, ABB und Alcatel/Alsthom auf drei enorm starke Wettbewerber. Planspiele gibt es viele, nachdem ihm das Bundeskartellamt den Zusammenschluß mit der Siemens Bahntechnik verboten hat. Am Ende siegt ABB. Das Joint-venture mit dem schwedisch-schweizerischen Elektronikkonzern im Bereich Bahnsysteme läßt sich der Daimler-Benz-Konzern rund 1,4 Milliarden Mark kosten. Erkauft wird damit eine fünfzigprozentige Beteiligung an der »ABB Daimler-Benz Transportation« mit Sitz in Berlin. Steuern wird das neue Unternehmen, das weltweit eine füh-

rende Rolle spielen wird, allerdings ein ABB-Manager. Ernst Georg Stöckl wird Vorsitzender des Aufsichtsrates.
Porsche-Fahrer Stöckl, der besonders Autorennen in Indianapolis schätzt, drückt weiter aufs Tempo beim Umbau der AEG Daimler-Benz Industrie. Dabei bleibt er so gelassen und selbstbewußt wie in den Zeiten, als er für Mercedes erfolgreich Lastwagen in Südafrika und den USA verkaufte. Stöckl über sich und seinen Job: »Ein Manager muß mindestens soviel alte Probleme lösen, wie neue entstehen.« Diese Einsicht könnte auch von Sisyphus stammen.
Jürgen Schrempp wird sich damit – trotz aller Freundschaft – nicht zufriedengeben. Er will Ergebnisse sehen. Und da außer der Bahntechnik und der Mikroelektronik nichts mehr von AEG in das Konzept des »integrierten Verkehrskonzerns« paßt, wird er die anderen Bereiche möglichst bald aus der AEG herauslösen, umorganisieren oder abstoßen. Die Irrfahrt der MTU Motoren- und Turbinen-Union Friedrichshafen durch den Konzern wird dann ein Ende finden – ein teures, denn noch immer hält die Familie Zeppelin die Hand auf. Die neue Heimat wird bei Mercedes-Benz sein – zumal MTU-Partner Detroit-Diesel-Chef Roger S. Penske und Helmut Werner auch eng in der Formel 1 zusammenarbeiten.
Für den Rest der AEG schlägt das Totenglöcklein, denn dafür ist kein eigener Geschäftsbereich mit eigener Verwaltung – die sowieso schon seit dem großen Eingriff von 1990 sehr eingeschränkt ist – mehr notwendig. Die AEG Daimler-Benz Industrie ist überflüssig, nur müssen vorher noch die restlichen freien Aktionäre ausgezahlt werden.
Bahntechnik und Mikroelektronik können dann direkt an die Daimler-Benz-Holding angehängt werden. Für Ernst Georg Stöckl, den Totengräber der AEG, kein Drama. Er wird sich im Vorstand wohl stärker um die weltweite regionale Verantwortung kümmern.

9. Kapitel

Das Daimler-Benz-Beziehungsgeflecht

»Generell ist zu fordern, daß Aufsichtsräte über eigene einschlägige Führungserfahrung verfügen müssen. Also sind in der Regel weder Spezialisten noch Wissenschaftler geeignet, Politiker schon gar nicht. Ich glaube ohnehin nicht an die schöne Theorie des deutschen Aktiengesetzes mit seiner strikten Trennung der Gesellschaftsorgane. Dieses Gesetz bringt keine Kreativität in die Unternehmen.«

Reinhard Mohn

Horst Albach: Der Herr der Betriebswirtschaft
(Aufsichtsrat der AEG Daimler-Benz Industrie)

Im Daimler-Benz-Konzern ist er der große betriebswirtschaftliche Theoretiker. Horst Albach, Sohn eines Wirtschaftsjournalisten, ist Diplom-Kaufmann, Diplom-Volkswirt und Dr. rer. pol. Sein vollständiger Titel: Prof. Dr. Dr. M. C. mult. Seit 1959 ist Albach als Universitätsprofessor und Steuerberater tätig. 1959 erhält er einen Lehrauftrag an der TH Darmstadt, dem weitere Rufe an die Universitäten von Graz, Kiel und schließlich als Ordinarius für Betriebswirtschaftslehre an die Universität Bonn folgen. In Bonn ist er auch Direktor des Instituts für Ökonometrie und Unternehmensführung.
Albach gehörte dem Wissenschaftlichen Beirat beim Bundeswirtschaftsministerium an. Außerdem war er Direktor eines Sonderforschungsbereichs der Deutschen Forschungsgemeinschaft (DFG). Als geschäftsführendes Vorstandsmitglied und Programmdirektor des »Universitätsseminars der Wirtschaft« (USW) leitete er die ersten Managementkurse für deutsche Führungskräfte, die das USW nach dem Beispiel der amerikanischen Business Schools von Harvard, Stanford und Carnegie aufgezogen hat. Albach weist eine breite Palette wirtschaftswissenschaftlicher Tätigkeiten nach: Investitionstheorie, steuersystematische Arbeiten, Unternehmerbildung, Kohleförderung, Berufsbildung, Sparförderung sind nur einige Stichworte.
1978 rückt der umtriebige Wissenschaftler in den Sachverständigenrat zur Begutachtung der gesamtwirtschaftlichen Entwicklung, den sogenannten »Rat der Weisen«, nach, den er allerdings Anfang 1983 verläßt, um sich wieder mehr seinen sonstigen Tätigkeiten widmen zu können.
Im März 1987 folgt er dem Ruf an den Lehrstuhl für Betriebswirtschaftslehre, Schwerpunkt Unternehmenspolitik, an der Wissenschaftlichen Hochschule für Unternehmensführung (WHU), Koblenz, den die Peter Klöckner-Stiftung eingerichtet

hat. Seine Professur an der Universität Bonn behielt er bei, bis er an die Freie Universität Berlin und das Wissenschaftszentrum Berlin (WZB) wechselte.

Werner Michael Blumenthal: Der Herr des Gewissens

(Aufsichtsrat der Daimler-Benz Interservices debis)

Der vielsprachige Amerikaner ist gebürtiger Berliner und wie Edzard Reuter der Stadt bis heute eng verbunden. Für den Daimler-Benz-Konzern spielt Werner Michael Blumenthal den Türöffner in Washington. Seine Eltern, nichtorthodoxe Juden, emigrierten 1939 über Italien nach China. In Schanghai lernt Blumenthal außer Chinesisch auch Englisch, Französisch, Italienisch und Portugiesisch.

Erst 1947 kann er in die Vereinigten Staaten ausreisen, 1952 wird er naturalisiert. Blumenthal studiert internationale Wirtschaft an der Universität von Kalifornien in Berkeley und finanziert sein Studium als Werkstudent, er jobbt als Fahrstuhlführer, Lastwagenfahrer und Bühnenarbeiter in Striplokalen. 1951 schließt er als Bachelor of Science ab. Sein M.-A.-Examen legt er 1953 an der Universität Princeton ab, wo er 1956 mit einer Arbeit über die betriebliche Mitbestimmung zum Ph. D. promoviert.

1961 ernennt Präsident Kennedy ihn zum »deputy assistant secretary of state« für wirtschaftliche Angelegenheiten im US-Außenministerium. Zwei Jahre später wird Blumenthal im Rang eines Botschafters stellvertretender Sonderbeauftragter des Weißen Hauses für Handelsfragen. Er leitet die amerikanische Delegation bei der Kennedy-Zollsenkungsrunde in Genf. Blumenthal gilt als harter und kompromißloser Verhandlungspartner. Nach Abschluß der Kennedy-Runde 1967 kehrt er in die Privatwirtschaft zurück und wird Präsident der Bendix

Corporation, ein Zulieferer der amerikanischen Autoindustrie, den später Siemens übernimmt.
Von 1972 bis 1977 ist Blumenthal Chairman und Chief Executive des Unternehmens, dessen Umsatz sich unter seiner Führung nahezu verdoppelt. Als leitender Manager des Bendix-Konzerns macht der als liberal bis gemäßigt progressiv eingestufte Manager auch durch sein Eintreten für einen Kodex der Geschäftsethik, der die Verantwortlichkeiten der Unternehmungen in den Vordergrund stellt, von sich reden. So brandmarkt er den Einsatz von Bestechungsgeldern im Ausland und verpflichtet sich öffentlich zur Beschäftigung von Minoritäten. Wegen dieser Einstellung wird Blumenthal als das »Gewissen des amerikanischen Unternehmertums« apostrophiert.
Der designierte Präsident Carter beruft ihn als Finanzminister in sein Kabinett. Der heutige Partner bei Lazard, Fréres & Cie. engagiert sich seit 1978 für einen Kurs der verstärkten Inflations- und Defizitbekämpfung bei Intensivierung der Weltwirtschafts- und Währungszusammenarbeit. An der im November 1978 eingeleiteten Dollarstützungsaktion hat er wesentlichen Anteil. In der Folge übernimmt er zunehmend die wirtschafts- und finanzpolitische Chefsprecherrolle der amerikanischen Regierung, die ihm zuletzt auch offiziell übertragen wird. Im November 1977 und im Februar 1978 führt Blumenthal Gespräche in Bonn. Im Februar 1979 reist er zu Wirtschafts- und Finanzverhandlungen nach Peking. Bei der Kabinettsumbildung im Juli 1979 scheidet er aus der Regierung aus.
Blumenthal, der später eine sehr kritische Bilanz der Carter-Administration zieht, wechselt noch im gleichen Jahr in den Vorstand des US-Computerkonzerns Burroughs. 1980 wird er Chief Executive des Unternehmens, 1981 auch dessen Chairman. Durch Fusion mit Sperry entsteht 1986 die Unisys Corp. Anfang 1990 zieht er sich aus dem geschäftsführenden Management des Unternehmens zurück.

Hellmuth Buddenberg: Der Herr des Öls
(Aufsichtsrat der AEG Daimler-Benz Industrie)

Das Hobby des Ölexperten sind integrierte Verkehrssysteme. Hellmuth Buddenberg setzt sich immer wieder für eine neue Arbeitsteilung der vier Verkehrssysteme Auto, Bahn, Schiff und Flugzeug ein. Insbesondere plädiert er für moderne, große Umschlagterminals an den logistisch wichtigen Schnittstellen von Straße und Schiene. Damit liegt er ganz auf der Linie des Daimler-Konzerns, in dessen Aufsichtsratsgremien er einer der wenigen praxiserfahrenen Manager ist, die selbst erfolgreich Strukturkrisen gemeistert haben.

Als der Manager 1976 an die Spitze der deutschen BP, einer hundertprozentigen Tochter der British Petroleum Co. Ltd. in London, tritt, hat diese, bedingt durch die Ölkrise, das schlechteste Geschäftsjahr ihrer Geschichte hinter sich. Das Ölgeschäft allein hat einen Verlust von 351 Millionen DM gebracht. Um die Abhängigkeit des Konzerns vom Mineralölgeschäft zu vermindern, sucht Buddenberg zielstrebig nach neuen Betätigungsfeldern im Bereich der Petrochemie, der Kunststoffverarbeitung und der Futtermittelherstellung. Dazu kommen Rationalisierungsmaßnahmen im Personalbereich, die er geschickt durch Sozialprogramme abstützt. Ältere Mitarbeiter, die bereit waren, vorzeitig in Pension zu gehen, erhielten generöse Angebote. Außerdem installiert er unter wissenschaftlicher Beratung ein vielbeachtetes Schulungsprogramm (»Älter werden im Betrieb«), mit dem älteren Mitarbeitern die Sorge vor einem Leistungsabfall genommen werden soll.

Nach amerikanischem Vorbild unterteilt er den Konzern weitgehend in selbständig wirtschaftende »profit centers«. Er erreicht mit diesen Sanierungsmaßnahmen, daß bereits 1978 bei der BP wieder schwarze Zahlen geschrieben werden.

Doch die Strukturkrise der Branche nach dem Ölpreisschub von 1979 macht Buddenberg schwer zu schaffen. Ab 1985 erzielt das Unternehmen aber wieder deutlich bessere Ergebnisse. Die von ihm betriebene und von der britischen Konzernspitze mit rund zwei Milliarden Mark gestützte Umstrukturierung mit Ausbau des Nicht-Ölgeschäfts und gleichzeitig drastischer Reduzierung der Raffineriekapazitäten ist 1987 weitgehend abgeschlossen. 1988, im letzten Geschäftsjahr, das er als Vorstandsvorsitzender zu verantworten hat, macht die Deutsche BP einen Gewinn von einer viertel Milliarde Mark. Zum Jahreswechsel 1988/89 wechselt Buddenberg dann als stellvertretender Vorsitzender in den Aufsichtsrat des Unternehmens.

Martine Dornier-Tiefenthaler: Die Dame ohne Furcht

(Aufsichtsrätin der Mercedes-Benz)

Die gebürtige Österreicherin Martine Dornier-Tiefenthaler nimmt kein Blatt vor den Mund, wenn sie ihre Interessen durchsetzen will: Die Daimler-Benz AG sei offensichtlich der Auffassung, geschlossene Verträge nicht halten zu müssen, weil letztendlich alles, was sie macht, aufgrund der Größe des Konzerns immer zum Wohle der deutschen Wirtschaft sei. »Und wer wird sich trauen, sich gegen das Wohl der deutschen Wirtschaft zu stellen.«
Pikante Ouvertüren, so stellt sich manchmal erst später heraus, stehen am Beginn großer Auftritte. Bei der Daimler-Benz AG beispielsweise bewarb sich vor einigen Jahren eine junge Juristin vergeblich um den Job einer Assistentin des damaligen Finanzvorstands Edzard Reuter. Der Name der Dame: Martine Tiefenthaler. In der Zwischenzeit hat sich Reuter vielleicht manchmal gefragt, ob es nicht doch besser gewesen wäre, die Aspirantin in seine Dienste zu nehmen. »Vielleicht«, so trauert er der verpaßten Chance nach, »hätten sich die Dinge dann ein wenig anders entwickelt.«

Tatsache ist, daß die Dramaturgie und der Verlauf des Konflikts zwischen Daimler-Benz und den Familiengesellschaftern der Dornier GmbH von Martine Dornier-Tiefenthaler bestimmt wurden. David gegen Goliath heißt die Story, und der Gigant macht dabei nicht immer die beste Figur. Kein Zweifel: Juristen und Topmanager bei Daimler-Benz haben das Stehvermögen, die Cleverneß und das taktische Geschick der Gattin des Erben Conrado und Testamentsvollstreckerin des verstorbenen Sippenvorstandes Claudius Dornier gründlich unterschätzt.
Sie versteht es, einen komplizierten Konsortialvertrag, der Daimler 1985 die Mehrheit an Dornier zuspricht, aber der Familie weiterhin bestimmte Rechte – unter anderem eine Mindestdividende – sichert, im Interesse der Dorniers zu nutzen. Daß es ihr dabei angeblich nur um den schnöden Mammon geht, bestreitet Martine Dornier-Tiefenthaler: »Wir lassen uns als Minderheitsgesellschafter nicht aus dem Unternehmen herausdrängen.«
Nachdem Martine Tiefenthaler beim Studium der Betriebswirtschaft den Kommilitonen Conrado Dornier kennengelernt hat, faßt Claudius Dornier, der Sohn von Firmengründer Claude Dornier aus erster Ehe, Vertrauen zu dem »gesunden Menschenverstand« seiner künftigen Schwiegertochter. »Aber auch, weil ich zunächst kostenlos arbeitete, durfte ich für ihn loslegen«, wischt die Frau alle Verwunderung vom Tisch.
Für sie gilt der Grundsatz, daß man »seinen Gegner nicht unterschätzen darf«. Auf die Frage im FAZ-Magazin: »Wie schätzen Männer am häufigsten Frauen fehl ein?« antwortet sie: »Stellen Sie sich vor, daß Sie einen Affen vor sich haben, von dem Sie überrascht sind, daß er sprechen kann. Dann würden Sie ihn einen Moment lang beobachten. Wenn Sie dann feststellen, daß er die Materie beherrscht, müßte man eigentlich annehmen, daß Sie sich nun der Angelegenheit

widmen, deretwegen Sie hergekommen sind, und nicht stundenlang darüber nachdenken, warum der Affe spricht. Hinterher überlegen Sie sich vielleicht noch einmal, was die Affen heute schon so alles können, aber das war's dann auch. Ein relativ souveräner Mann würde sich so benehmen. Der unsouveräne Mann dagegen ... Muß ich Ihnen wirklich schildern, wie sich der verhält?«

Und auf die Frage: »Sollten nicht mehr Frauen ins Management gehen?« »Nein, das wäre eine Katastrophe. Stellen Sie sich vor, man würde denjenigen Männern, die sich fürs harte Berufsleben nicht eignen, die Kindererziehung überlassen, und die Frauen, die sich nach meiner Auffassung in großer Zahl dazu eigneten, würden arbeiten gehen. Dann hätten wir zwar endlich ein Topmanagement, das diesen Namen verdient, aber grauenvolle Erziehungsergebnisse. Und wie stünde es dann um unsere Zukunft?«

Zur Lage der Frauen meint die Mutter von vier Kindern: »Die Frauen haben die Macht. Sie haben nur kein Bewußtsein davon, welche Macht sie in Händen halten, weil keiner darüber redet. Sie lassen sich einreden, sie seien kleine graue Mäuse, die zu Hause hinter ihren Küchenschürzen das Leben verpassen. Oft passen sie sich dann diesem Bild an. Ist denn das Leben eines Vorstandsvorsitzenden soviel aufregender? Was tut er denn? Er verbringt mit einem Haufen von Leuten des eigenen Geschlechts lange Zeit in Räumen ohne Tageslicht mit schlechter Luft, trinkt dabei viel Kaffee und unterhält sich über eine Menge nutzloser Dinge. Bewundernswert ist allerdings, wie es den Männern gelingt, sich das Image von Vorstandsvorsitzenden zu verschaffen – egal, was sie wirklich tun. Verwunderlich ist es andererseits, wie wenig Frauen von Public Relations verstehen, wenn es um die Hausfrauen- und Mutterrolle geht. Wie gesagt, die Macht liegt in ihren Händen. Es kann natürlich sein, daß die Frauen bereitwillig das Image der Männer mitpflegen, weil sich vermutlich andernfalls kaum ein

Mann finden würde, der ihren Ansprüchen zur Familiengründung entspräche.«
Als ihr Edzard Reuter einen Sitz im Aufsichtsrat der Autotochter Mercedes-Benz anbietet – Reuter hofft, die streitbare Juristin damit ruhigzustellen –, meint Martine Dornier-Tiefenthaler dazu: »Es ist ja nicht ganz ungeschickt, mich ein bißchen einzubinden, aber auch nicht zu eng. Ich habe Herrn Reuter gewarnt. Ich lasse mir meine Entscheidungsfreiheit nicht nehmen. Sollten wir jemals wieder Krach kriegen – was ich nicht hoffe –, würde die Mandatsniederlegung nicht ganz unspektakulär verlaufen.«
Mit Reuter debattiert sie, wenn sie ihn denn mal trifft, gern über sozialdemokratische Ethik und Unternehmertum. Die Frage, ob ein nationaler Konzern mit Daimlerschen Dimensionen die beste Lösung ist, hält sie allerdings nicht für beantwortet.

Hans Eisenring: Der Herr der Bahn
(Aufsichtsrat der Mercedes-Benz)

Immer sucht er, auch als Aufsichtsrat bei Mercedes, einen sinnvollen Lösungsweg zwischen Ökologie und Ökonomie zu gehen. Für Hans Eisenring, der zwölf Jahre lang (bis 1992) in der Generaldirektion der Schweizerischen Bundesbahn (SBB) tätig war, sind das Probleme, »denen mit einem sachlichen Approach beizukommen ist«.
Als diplomierter Maschineningenieur arbeitet er nach dem Studienabschluß einige Jahre als wissenschaftlicher Mitarbeiter am Betriebswirtschaftlichen Institut der ETH Zürich in der Schweiz. Anschließend ist er über zwanzig Jahre bei den Flug- und Fahrzeugwerken Altenrhein (FFA) tätig, wo ihm von 1968 bis 1982 die Gesamtleitung des Unternehmens anvertraut wird. 1982 wählt ihn der Bundesrat zum Generaldirektor

der SBB. Nach kurzer Einführungszeit übernimmt er das Departement Technik. Fünf Jahre später wird ihm das Departement Marketing und Produktion übertragen. 1990 folgt die Ernennung zum Präsidenten der Generaldirektion.
Mit der ihm eigenen Dynamik setzt Hans Eisenring schon kurz nach seinem Amtsantritt bei den SBB neue Akzente. In seine Zeit fällt die Beschaffung der klimatisierten Intercity-Wagen in großer Stückzahl mit ihrer späteren Weiterentwicklung zu Eurocity- und Panoramawagen, vor allem aber hat er sich um die Entwicklung der S-Bahn-Doppelstockwagen in der Schweiz besondere Verdienste erworben.
Neue Wege beschritt Eisenring im Bereich des Triebfahrzeugbaus bei der Vorbereitung der Zukunftslokomotive 2000. Als Förderer der modernen Umrichter- und Drehstromtechnik, jedoch im Wissen um die Komplexität des Lokomotivbaus, erteilt er der Industrie – anstelle der Beschaffung von Prototypen – einen umfassenden autonomen Entwicklungsauftrag.
»Seine frische, unbekümmerte Art ohne Belastung durch allzu viele vermeintliche oder tatsächliche Sachzwänge gestattet ihm«, so die »Neue Zürcher Zeitung«, »neue Ideen und Denkweisen aufrichtig, temperamentvoll und unerschrocken durchzusetzen.«

Hans-Olaf Henkel: Der Herr der Industrie
(Aufsichtsrat der Daimler-Benz Aerospace)

»Bevor Sie es der heutigen Pressemitteilung entnehmen, möchte ich Sie persönlich darüber informieren, daß ich zum Ende dieses Jahres aus dem aktiven Dienst der IBM ausscheiden werde, jedoch dem Unternehmen weiterhin durch Beratung, Mitgliedschaft im Aufsichtsrat der IBM Europa und die Übernahme des Vorsitzes des Aufsichtsrates der IBM Deutschland weiterhin eng verbunden bleiben werde. Nach

33 Jahren in diesem Unternehmen, davon über die Hälfte in Amerika, Asien und der europäischen Hauptverwaltung in Paris, möchte ich nun endgültig in meine Heimat zurückkehren und noch einmal etwas anderes machen.«
Das war am 7. September 1994. Es dauert keine vier Wochen, und der Grund für Henkels Schritt wird klar: Ein Kollege aus gemeinsamen Stuttgarter Tagen, Edzard Reuter, hat den früheren – erfolgreichen – Chef von IBM Deutschland als neuen Präsidenten für den Bundesverband der Deutschen Industrie (BDI) empfohlen. Der Verwaltungsjob bei IBM World Trade Europe in Paris hat Henkel nicht ausgelastet. Nachdem der neue IBM-Konzern-Chef Louis Gerstner auf Zentralisierung setzt, klagt Henkel, der die Deutsche IBM erst Mitte 1992 in fünf rechtlich selbständige Konzerntöchter unter dem Dach einer Holding mit Sitz in Berlin zerlegt hat, über »zuwenig Gestaltungsmöglichkeiten«. Gerstners Grundsatz lautet: »Das letzte, was IBM braucht, sind Visionen.«
Schon Mitte 1992 erkennt Henkel: »Unterschätzen Sie die Langlebigkeit der Dinosaurier nicht. Die waren eineinhalb Millionen Jahre auf der Welt, Menschen gibt es erst seit einigen zigtausend Jahren. Spaß beiseite. Ich bin fest davon überzeugt, daß viele kleine Einheiten in der Summe produktiver sind und besser agieren können als eine große. Aufgrund der hohen Tarifabschlüsse können wir kaum noch individuelle Leistung honorieren. Es ist für mich überhaupt nicht einzusehen, daß in ehemaligen Ostblockländern wie Polen, der Tschechoslowakei und Ungarn heute leistungsbezogener bezahlt wird als bei uns im Vorbildland der sozialen Marktwirtschaft. Das ist mir sehr ernst. Wir wollen mehr Freiheit, um mit unseren Betriebsräten über die Verteilung zu verhandeln.« Konsequenterweise hat er durch Umorganisation einen Großteil der IBM-Beschäftigten aus dem Metall-Flächentarif herausgelöst und einen Haustarif abgeschlossen. Das bescherte dem Unternehmen mehr Flexibilität bei der Verteilung der Arbeit.

Als äußerst politisch engagierter Unternehmer – ein sehr mutiger, manchmal unbequemer Mann, der Dinge vorwärtsbringt –, fachlich ebenso beschlagen wie international erfahren, hat Henkel schon als IBM-Deutschland-Chef in Stuttgart die Standortdebatte und das Thema flexible Arbeitszeit rechtzeitig angepackt. Er ist der Typ Unternehmensführer, der sich nicht auf Betriebswirtschaft reduzieren läßt, sondern jemand, der es gewohnt ist, in gesamtwirtschaftlichen und gesellschaftspolitischen Zusammenhängen zu denken. Er setzt sich ein für eine »wettbewerbsfähige Gesellschaft«, für die außer Löhnen und Steuern Themen wie Qualität der Schulen, Studienzeiten, Forschung, demographische Entwicklung und Einwanderungspolitik nicht minder entscheidend sind.

Seine geschliffenen Reden erinnern an die Rhetorik des 1989 ermordeten Deutsche-Bank-Chefs und Daimler-Benz-Aufsichtsratsvorsitzenden Alfred Herrhausen. Von CDU wie SPD wird er gleichermaßen anerkannt: »Hans-Olaf Henkel ist ein ausgewiesener Fachmann mit originellen Ideen.«

Aber er muß aufpassen. Noch kein neuer BDI-Präsident wurde mit soviel Vorschußlorbeer begrüßt. Die Sprecherrolle der deutschen Industrie, so die »Frankfurter Allgemeine Zeitung«, sei »wie zugeschnitten auf Hans-Olaf Henkel«. Er habe sich, so das »Handelsblatt«, für das Präsidentenamt »geradezu aufgedrängt«. Kritische Mitglieder im BDI sehen Henkel eher als Vertreter handfester Konzerninteressen. Vertreter von ABB und AEG Daimler-Benz Industrie hoffen, daß mit ihm an der Spitze des Verbandes »der Einfluß des Konkurrenten Siemens auf die Bonner Politik schwindet«. Um Henkel in der deutschen Großindustrie fester zu verankern, wird er im Dezember 1994 zusätzlich in den Aufsichtsrat der VW-Tochter Audi AG und in den Aufsichtsrat der größten Konzerngesellschaft der FAG Kugelfischer Georg Schäfer AG berufen. Weitere Mandate werden wohl folgen.

Jean-André François-Poncet: Der Herr der Diplomatie

(Aufsichtsrat der Mercedes-Benz)

Was ist Paris ohne Beziehungen?
François-Poncet, der keiner Partei angehört, gilt als »erstklassiges Produkt des französischen politisch-diplomatischen und wirtschaftlichen Establishments«, so die »Welt«. Wer wollte das nicht nutzen?
Als jüngster Sohn des bekannten französischen Diplomaten und Deutschlandkenners André François-Poncet verbringt er einen großen Teil seiner Kindheit und Jugend in Deutschland, wo sein Vater von 1931 bis 1938 als Botschafter und nach dem Krieg bis 1955 als französischer Hochkommissar tätig ist. Er studiert an der Universität Wesleyan und an der Harvard-Universität/USA. Er promoviert zum Doktor der Wirtschaftswissenschaften, Licencié en droit und Master of Arts (Harvard). Außer seiner Muttersprache spricht er Deutsch und Englisch.
Seine diplomatische Karriere beginnt er im französischen Außenministerium. Von 1956 bis 1958 gehört er als Generalsekretär der französischen Delegation bei den Euratom- und EWG-Verhandlungen an und ist auch danach bis 1960 mit Fragen der Europäischen Gemeinschaft befaßt.
Anfang der 70er Jahre unterbricht François-Poncet seine diplomatische Karriere und beginnt seine zweite Laufbahn als Industrieller bei dem seiner Familie gehörenden Stahlunternehmen J.-J. Carnaud et Forges de Basse-Indre. Er wird Generaldirektor sowie Verwaltungsdirektor der Hüttenwerke Marine Wendel und der Schiffahrtsgesellschaft Worms.
Seit 1981 widmet sich François-Poncet seinen wissenschaftlichen Interessen.

Dietger Hahn: Der Herr der Planung

(Aufsichtsrat der Daimler-Benz Interservices debis)

Er ist Praktiker wie Wissenschaftler. Eine seltene Symbiose, die sich Daimler-Benz zunutze macht.

Für Prof. Dr. rer. pol. Dietger Hahn sind Forschung, Lehre und Praxis stets eine Einheit. Der Professor für Betriebswirtschaftslehre an der Justus-Liebig-Universität Gießen und Technischen Universität Berlin versucht daher in seinen Schwerpunkten Produktionswirtschaft, Controlling und Strategische Führung die Studenten schon frühzeitig mit der Wirklichkeit in den Unternehmen vertraut zu machen. Wohl einzigartig ist das in Gießen gelehrte Fach »Industrielle Unternehmensberatung und Produktionswirtschaft«, in dem er Studenten zu »Problemlösern« ausbilden will. Auf Hahns Initiative geht auch die Gründung von »Gesellschaft und Institut für Unternehmensplanung« im Jahre 1975 zurück. Namhafte Großunternehmen gehören dieser Gesellschaft an, deren Ziel, eine Brücke zwischen Theorie und Praxis zu schlagen, durch zahlreiche Untersuchungen unterstrichen wird.

Dietger Hahn ist in Berlin geboren. Hier hat er an der Technischen Universität studiert: Diplom-Wirtschaftsingenieur. Bei Konrad Mellerowicz war er Assistent, bei ihm hat er 1962 auch promoviert. Für einige Jahre ging Hahn dann in die Wirtschaft, bevor er sich in Berlin 1968 habilitierte. Hahn ist in den Kuratorien einiger Forschungsinstitute vertreten und berät zudem zahlreiche Großunternehmen in Fragen von Führung und Organisation.

Rolf-Dieter Leister: Der Herr der Telekom

(Aufsichtsrat der Daimler-Benz Interservices debis)

Laute Auftritte sind seine Sache nicht: Rolf-Dieter Leister arbeitet lieber im stillen und knüpft Verbindungen. Der Stuttgarter Unternehmensberater für Kommunikationstechnik weiß als Aufsichtsratsvorsitzender der Deutschen Bundespost Telekom bestens, wo es in Bonn langgeht. Für die Daimler-Tochter debis ist das ein unschätzbares Know-how.

Aber Leister macht es seinen Auftraggebern nicht einfach. Er geht keinem Streit - wenn es um die Sache geht - aus dem Weg. Obwohl Ex-Bundespostminister Christian Schwarz-Schilling seine Berufung als »Glücksfall« für die Telekom bezeichnet, will der Bundesrechnungshof dem Aufsichtsratschef 1993 am Zeug flicken. Die Kontrolleure von Steuergeldern und Bundesvermögen vertreten die etwas eigenartige Auffassung, daß sich ein Aufsichtsratsvorsitzender bei seiner Tätigkeit im wesentlichen auf die Prüfung dessen zu beschränken habe, was ihm der Unternehmensvorstand an Informationen präsentiert. Allen darüber hinausgehenden Aktivitäten und eigenständigen Recherchen seien enge Grenzen zu setzen, weil eine Kompetenzenvermengung zwischen Vorstand und Aufsichtsrat vermieden werden müsse.

Der Rechnungshof wirft Leister im Grunde genommen vor, sein Mandat als Vorsitzender des Aufsichtsrates der Telekom seit Anfang 1990 zu engagiert wahrgenommen zu haben. Niemand käme wohl in der Privatwirtschaft ernsthaft auf die Idee, einem Aufsichtsratsvorsitzenden Knüppel zwischen die Beine zu werfen, weil sich dieser Telefon- und Reisespesen sowie die Kosten einer Sekretärin, die nachweislich als Full-time-Job mit den Aufsichtsratsaufgaben betraut ist, vom Unternehmen erstatten läßt.

»Dies gilt erst recht für einen Mann wie Leister, der bei der Wahrnehmung seiner Aufgaben nicht in der Lage ist, auf die

Ressourcen eines großen Konzerns zurückzugreifen«, meint die »Süddeutsche Zeitung.« Späte Einsicht der Kontrolleure über den Kontrolleur: »Der Aufsichtsratsvorsitzende des öffentlich-rechtlichen Unternehmens Telekom wie jeder andere Aufsichtsratsvorsitzende in der Wirtschaft muß die Möglichkeit haben, sich völlig unabhängig von Vorlagen und Berichten des Vorstandes zu informieren, um Beratungen und Entscheidungen des Aufsichtsrats verantwortlich vorbereiten zu können.«

Leister engagiert sich besonders für Planungssicherheit im Mobilfunkbereich, bei Corporate Networks und um die Liberalisierung des Marktes 1998, wenn die Telekommonopole in den meisten Ländern der Europäischen Union fallen.

Max Streibl: Der Herr aus Bayern

(Aufsichtsrat der Daimler-Benz Aerospace)

Der Mann ist immer für Schlagzeilen gut. Nach dem jähen Tod von Franz Josef Strauß wird Max Streibl am 19. Oktober 1988 zum neuen bayrischen Ministerpräsidenten gewählt. Mit dem »Byzanzinismus ..., der um Strauß herum erblühte« (»Süddeutsche Zeitung«) ist es vorbei. Streibl zieht umgehend die Kernmannschaft seines Vorgängers aus der Staatskanzlei ab und pflegt einen zuvor im Parlament nicht gekannten konsultativ-sachlichen Umgang mit der SPD-Opposition.

Immer wieder der Rivalität zu CSU-Chef Theo Waigel öffentlich verdächtigt, entwickelt sich Streibl nach Ansicht des »Handelsblatts« bald zur »landesväterlichen Leitfigur des Parteivolks der CSU«. Der »beflissene, etwas steife Oberbayer« sorgt erstmals für Aufsehen, als er die von seinem Amtsvorgänger übernommene Bauplanung für die neue Bayerische Staatskanzlei von den Dimensionen des Weißen Hauses in Washington auf Normalmaß stutzen läßt. Bundesweit in die Schlagzeilen gerät er, als er den Baustopp für die jahrelang heftig umstrittene Wiederaufbereitungsanlage (WAA) im oberpfälzischen Wackersdorf prüfen und schließlich 1989 den Sofortvollzug für die erste atomrechtliche Teilgenehmigung aufheben läßt. Die Energiewirtschaft hatte ohne vorherige Konsultationen mit den politisch Verantwortlichen in Bayern verzichtet. Streibl gelingt schließlich mit der Ansiedlung von BMW auf dem Baugelände, unterstützt durch rund 1,5 Milliarden Mark, ein »Überraschungscoup«.

Als im Zuge des deutschen Vereinigungsprozesses die öffentliche Diskussion um die Frage der zukünftigen deutschen Hauptstadt zu virulieren beginnt, gibt er dem »inneren Schweinehund Futter« und meldet sich, Bayern als »Herzland Europas« im Visier, mit dem Hinweis zu Wort, in Berlin könne das Parlament unter den »Druck des Straßenmobs« geraten, eine »Hauptstadt Kreuzberg« als Ort häufiger Auseinandersetzungen sei nicht zu empfehlen.

Nach seiner einmaligen Wiederwahl zum bayrischen Ministerpräsidenten schlägt ihm harsche Kritik entgegen, unter anderem wegen seiner zahlreichen Aufsichtsratsposten, darunter beim Daimler-Benz-Konzern, und der hieraus erwachsenden Bezüge. Die jedoch führt Streibl zu 83 Prozent an die Bayerische Landesstiftung ab.

Hanns Arnt Vogels: Der Herr von MBB

(Aufsichtsrat der Daimler-Benz Aerospace)

Der Mann hat mit Daimler-Benz aufs falsche Pferd gesetzt. Seine Managerkarriere beginnt Hanns Arnt Vogels bei einem Eisenwerk in Düsseldorf, wo er sechs Jahre lang tätig ist. Weitere sechs Jahre arbeitet er beim Mannesmann-Hüttenwerk Huckingen. Von 1963 bis 1966 ist er ordentliches Vorstandsmitglied der Rheinstahl Hüttenwerke AG, Essen. An-

fang 1967 wird er Generalbevollmächtigter der Friedrich Flick KG. Einen guten Namen macht sich Vogels als Sanierer des bundeseigenen VIAG-Konzerns, der bei seinem Amtsantritt 1977 mit einem Schuldenberg von 370 Millionen Mark als »Musterbeispiel für einen verlotterten Staatsbetrieb« bezeichnet wird. 1978 wird Vogels einer der persönlich haftenden und geschäftsführenden Gesellschafter der Friedrich Flick Industrieverwaltung KGaA in Düsseldorf. Ende 1982 scheidet er aus dem Unternehmen aus, nachdem sich Flick – offenbar aufgrund der anhaltenden Auseinandersetzungen um die Rolle des Konzerns in der Bonner Parteispendenaffäre – zu einer Neuordnung der Konzernspitze, die fast einem Kahlschlag gleicht, entschlossen hat.
1983 wird Vogels Vorstandsvorsitzender der Messerschmitt-Bölkow-Blohm GmbH in Ottobrunn. Mit MBB übernimmt er ein High-Tech-Unternehmen, das größtenteils von öffentlichen Aufträgen lebt und daher erheblichen politischen Einflüssen ausgesetzt ist. Vogels bemüht sich um eine Bereinigung des »Fleckerlteppichs« in der Beteiligungsstruktur, spricht sich allerdings Ende 1985 gegen den vom bayrischen Ministerpräsidenten Franz Josef Strauß befürworteten Einstieg von BMW bei MBB aus. Den angestrebten Mehrheitseinstieg des Daimler-Benz-Konzerns bei MBB begrüßt er indes. Die umstrittene Fusion wird vom Bundeskartellamt im April 1989 abgelehnt, dem im Mai des Jahres gestellten Antrag auf Ministererlaubnis wird jedoch im September 1989 stattgegeben.
In Zusammenhang mit der Übernahme von MBB durch Daimler-Benz kommt es immer wieder zu Spekulationen um die Zukunft Vogels. Seine Erwartungen, er werde in dem neugeordneten Daimler-Benz-Konzern einen hohen Posten erhalten, erfüllen sich nicht. Hanns Arnt Vogels wird mit einem Platz im Aufsichtsrat der Daimler-Benz Aerospace abgefunden.

Georg von Waldenfels: Der Herr der Politik

(Aufsichtsrat der Daimler-Benz Aerospace)

Dem bayrischen Politiker mit sportlichem Erscheinungsbild wird eine offene und zugängliche Art nachgesagt, zugleich aber bei aller Verbindlichkeit auch Standfestigkeit in der Sache. Für Daimler-Benz hält er die Türen in München geöffnet.
Georg Freiherr von Waldenfels wird als Sohn des Rechtsanwalts Meyer in Hof/Bayern geboren. Sein Vater fällt noch vor seiner Geburt im Kriege, worauf ihn später sein Stiefvater Rainer von Waldenfels adoptiert. Politik spielt in seinem Elternhaus keine besondere Rolle. Wert wurde auf solide Ausbildung gelegt. Mit einem Thema über »Überholende Kausalität im englischen Recht« promoviert er zum Dr. jur. Waldenfels wird als Rechtsanwalt beim Landgericht Hof zugelassen, geht aber in die Verwaltung.
Nach kurzer Tätigkeit bei der Regierung in Unterfranken wird er an das Landratsamt Hof versetzt. Seit 1989 ist er Bezirksvorsitzender der CSU in Oberfranken. Für die CSU kandidiert er wiederholt erfolgreich bei Landtagswahlen. Franz Josef Strauß holt ihn erstmals 1978 als Staatssekretär ins Wirtschaftsministerium. Waldenfels hat sich in diesen Jahren nicht besonders um Profilierung nach außen bemüht. Aber er hat nicht unwesentlichen Anteil an der Wirtschaftsentwicklung des Landes Bayern, das sich in Richtung auf ein vorteilhaft strukturiertes Mischgebiet von Landwirtschaft mit Industrie und Dienstleistungsbetrieben entwickelt. 1987 geht er als Beauftragter Bayerns beim Bund und Minister für Bundesangelegenheiten nach Bonn. 1990 wird er bereits unter dem damaligen Ministerpräsidenten Max Streibl Finanzminister in München. Heute sitzt er mit dem Ministerpräsidenten a. D. zusammen im Aufsichtsrat der Daimler-Benz Aerospace.

Reinhold A. Würth: Der Herr der Praxis
(Aufsichtsrat der Mercedes-Benz)

Der Praktiker weiß am besten, was Sieger von Verlierern trennt. Und was Daimler-Benz fehlt.
Führungskultur ist nach Meinung von Reinhold Würth eines der wenigen Felder, in denen ein Unternehmen heute noch strategische Wettbewerbsvorteile erzielen kann. In Bereichen wie Führungstechnik und Produktinnovation bestehen seiner Ansicht nach kaum noch Differenzierungsmöglichkeiten. Würth: »Unternehmenskultur läßt sich nicht verordnen, aber jede Geschäftsführung hat letztlich die Belegschaft, die sie verdient. Auch hier gilt: Gleich und gleich gesellt sich gern.«
Mit vierzehn Jahren wird der junge Würth Lehrling im väterlichen Schraubenhandel und nach dem frühen Tod des Vaters mit neunzehn Jahren dessen Nachfolger. In den folgenden vier Jahrzehnten formt er aus dem Kleinstbetrieb im schwäbischen Künzelsau eines der größten Handelsunternehmen auf dem Gebiet der Montage- und Verbindungstechnik. In 36 Ländern ist die Adolf Würth GmbH & Co. KG heute vertreten, mehr als 12 000 Mitarbeiter werden beschäftigt, fast drei Milliarden Mark umgesetzt. Kein Wunder, daß der Züricher PR-Profi Heinz Goldmann über ihn urteilt: »Ein profilierter Unternehmer und Innovator im Vertrieb.« Würth ist es gelungen, profane Produkte wie Schrauben oder Zangen als hochqualitative Markenprodukte zu entsprechenden Premiumpreisen zu verkaufen. Damit unter der Dachmarke Würth das Sortiment von rund 35 000 verschiedenen Schrauben, Muttern, Dübeln, Beschlägen und Werkzeugen überschaubar bleibt, installiert der agile Firmenchef sechs weitere Marken.
Würth ist aber nicht nur ein Meister in der Markenpolitik, sondern auch der Führung seiner Mitarbeiter. Die weltweit rund siebentausend Verkäufer arbeiten in einem System, das

überdurchschnittliche Leistungen mit der Mitgliedschaft im »Würth-Erfolgsclub« oder gar im »Würth-Topclub« belohnt. Entsprechend winken lukrative Prämien: mal eine Reise mit Lebensgefährtin nach San Francisco, mal ein größerer Dienstwagen. Motivation ist für Würth ein »sehr verletzliches« und zugleich »ambivalentes, flüchtiges Gebilde«. Jeder Tag fordere von der Führung neue, oft überraschende, unvorhersehbare Entscheidungen, so daß die Erfolge von heute schon morgen nicht mehr zu zählen brauchen. Auf Sitzungen bereitet sich der Mann, der einen eigenen Führungsstil pflegt, akribisch vor und reagiert entsprechend ungehalten, wenn man ihn mit unzureichenden Informationen abspeisen will.
Für den kunstsinnigen Manager-Philosophen Reinhold Würth, der sich Anfang 1994 aus der Geschäftsführung seiner Gruppe zurückzog und den Vorsitz im Beirat übernahm, gehört Reflektieren über Zukunft und Führungskultur eines Unternehmens zu den vornehmsten Aufgaben eines Managers: »Die erfolgreichen Firmen zeichnen sich stets durch ausgeprägte Berufsethik, absolute Ehrlichkeit und Berechenbarkeit aus.« – »Wie will denn ein Manager, der jahrelang keinen Kunden zu Gesicht bekommen hat, marktgerechte Entscheidungen treffen?« wundert sich der engagierte Marketingpraktiker über die Schreibtisch-Mentalität vieler Führungskräfte. Kundennähe erwartet er auch von den Abteilungsleitern und Geschäftsführern. Mindestens einmal im Quartal müssen auch die Chefs an die Verkaufsfront, fordert einer der erfolgreichsten deutschen Unternehmer.

10. Kapitel

Die Aktie:
Ein profitables Papier

»Wir handeln für das Wohlergehen der Menschen
und nicht für höhere Profite.
Deshalb müssen wir an uns selbst
moralische Maßstäbe anlegen.«
Franz Steinkühler

Der »Fall Steinkühler«

Geschäfte mit Aktien sind verlockend, besonders wenn es um Papiere mit dem dreigezackten Stern geht. Das weiß auch der IG-Metall-Vorsitzende und Daimler-Benz-Aufsichtsrat Franz Steinkühler. Der Chef der größten Einzelgewerkschaft der Welt vereint zwei Seelen in seiner Brust. Die eine gehört den über drei Millionen Mitgliedern der IG Metall, die andere den angenehmen Seiten des Lebens. So bringt Steinkühler mühelos das Kunststück fertig, mit Streiks gegen Kapitalisten zu Felde zu ziehen – und gleichzeitig selber einer zu sein. Bis zu dem Tag, an dem der Gewerkschafter ein Stück deutsche Börsengeschichte schreibt: Mittwoch, den 17. März 1993.

Franz Steinkühler erhält per Kurier die Einladung zur Aufsichtsratssitzung der Daimler-Benz AG. Die Tagesordnung: Am 1. und 2. April soll die Verschmelzung der Mercedes Aktiengesellschaft Holding (MAH), die 1976 zur Abwehr eines Einstiegs des Schahs von Persien gegründet worden war, mit Daimler-Benz bekanntgegeben werden. Der Kurs der MAH-Papiere beginnt bereits am 23. März sprunghaft zu steigen. Steinkühler profitiert davon. Zwischen dem 18. März und dem 1. April kauft der Gewerkschafter 2100 MAH-Aktien und verdient damit bis Mitte April rund 180 000 Mark. Am 7. April beginnt die Insiderkommission zu ermitteln: Knapp zwei Monate später tritt Steinkühler als IG-Metall-Chef zurück. Später legt er auch sein Aufsichtsratsmandat nieder. Bestraft wird der Gewerkschafter nicht – er hat die freiwilligen Insiderrichtlinien nie unterschrieben.

Franz Steinkühler gibt im Magazin der »Süddeutschen Zeitung« zu Protokoll: »Es war ein absoluter Blödsinn, eine im nachhinein schwer erklärbare Fehlhandlung. Aber ich hatte kein Insiderwissen. Ich glaube auch, daß der Fusionstermin von Daimler gar nicht so geplant war. Das sofortige Handeln der Unternehmensleitung wurde wahrscheinlich durch den

Kursanstieg ausgelöst. Soviel ich weiß, wurde erst am Morgen der entscheidenden Aufsichtsratssitzung beschlossen, die Fusion von Daimler-Benz mit der Mercedes-Benz-Holding auf die Tagesordnung zu setzen.« Auf die Frage, ob er noch immer regelmäßig den Börsenteil lese, antwortet er: »Sicher. Als Gewerkschaftschef mußte ich natürlich eine Ahnung von der Börse haben, da läßt sich vieles daran ablesen. Die britische Wirtschaftspresse hat doch schon ein Jahr zuvor detailliert über die Fusionspläne geschrieben. Viele haben damals an der Börse Gewinne gemacht, auch andere Gewerkschafter. Das ist doch nicht verboten. Die sind eingestiegen, als der Aktienindex bei 1600 stand. Der ist dann auch ohne Daimler über 2200 Punkte hinaufgeschnellt.«
Gefragt, ob er den Tag verfluche, an dem er die Bankorder zum Kauf der Daimler-Aktie unterschrieben habe, sagt Franz Steinkühler: »Ach was, das war eine Sache von zwei Minuten am Telefon. Ich hätte ja auch Aktien der Deutschen Bank kaufen können. Deren Kurs jagte auch um 35 Prozent nach oben, oder von BMW oder Mannesmann. Aber im Kern ging es nicht um die Daimler-Aktien, sondern um den Vorwurf: Der IG-Metall-Chef darf nicht mit Aktien handeln. Alle, nur der nicht.«

Ende Dezember 1993 beschließt die außerordentliche Hauptversammlung der Daimler-Benz AG und die Hauptversammlung der Mercedes Aktiengesellschaft Holding (MAH) die Verschmelzung beider Gesellschaften. Nach den Eintragungen in die Handelsregister in Frankfurt am Main und Stuttgart werden die MAH-Aktien im Verhältnis eins zu eins in Daimler-Benz-Aktien umgetauscht. Die MAH hielt eine Sperrminorität von 25 Prozent am Daimler-Benz-Aktienkapital. Nach der Fusion kann Daimler-Benz die internationalen Kapitalmärkte erheblich flexibler nutzen. Außerdem wird die Aktie breiteren Anlegerkreisen zugänglich gemacht. Die Umsätze der Aktie an den Auslandsbörsen nehmen allein 1993 um 44 Prozent auf 24 Millionen Stück zu. Täglich werden weltweit über eine Million Daimler-Benz-Papiere gehandelt.

Pionier auf internationalem Parkett

Die Daimler-Benz-Aktie ist in Deutschland und an zehn ausländischen Börsenplätzen notiert:

• Basel, Genf und Zürich	seit Januar 1977
• Tokio	seit September 1990
• London	seit Dezember 1990
• Wien	seit Februar 1991
• Paris	seit November 1991
• New York	seit Oktober 1993
• Singapur	seit Mai 1994
• Schanghai	seit März 1995

Daimler-Benz ist das erste deutsche Unternehmen, das sich den direkten Zugang zum größten und bedeutendsten Kapitalmarkt der Welt erschlossen hat: Im Oktober 1993 wird die Aktie an der New York Stock Exchange eingeführt. Die dort gehandelten Anteilsscheine »American Depositary Shares« (ADS) entsprechen in ihrer Stückelung einem Zehntel des Nennwerts einer Daimler-Benz-Aktie. Die Eröffnungsnotiz beträgt 47⅛ Dollar.
Als erstes deutsches Unternehmen wird Daimler-Benz seit 1994 auch an der Börse in Singapur gehandelt. Und als erster ausländischer Wert überhaupt werden die Stuttgarter seit 1995 in Schanghai notiert. Damit will Daimler-Benz der chinesischen Öffentlichkeit demonstrieren, daß sich das Unternehmen in China verankern will. Mercedes-Benz bewirbt sich

intensiv um das von der Regierung ausgeschriebene Projekt eines »Volksautos«.
Anfang Februar 1994 hat die Deutsche Bank aus ihrem Daimler-Benz-Anteilsbesitz rund 4 Prozent des Aktienkapitals am amerikanischen Markt plaziert. Die Beteiligung der Deutschen Bank vermindert sich hierdurch auf 24,4 Prozent. Nach der Deutschen Bank ist der Staat Kuwait mit etwa 14 Prozent zweitgrößter Aktionär von Daimler-Benz. Weiterhin hält die Stella Automobil-Beteiligungsgesellschaft mbH einen Anteil von 12,6 Prozent. Mit der Verschmelzung der Mercedes Aktiengesellschaft Holding auf die Daimler-Benz AG befindet sich nahezu die Hälfte des Aktienkapitals in Streubesitz. Mit einem Börsenkurswert von 37,5 Milliarden Mark (Ende Februar 1994) und über 470 000 Aktionären gehört Daimler-Benz zusammen mit Allianz, Siemens und Deutsche Bank zum engeren Kreis der »Großen Vier« unter den Deutschen Standardwerten. Unter den internationalen Autokonzernen repräsentiert die Gruppe hinter General Motors, Ford und Toyota den vierthöchsten Unternehmenswert. Der Daimler-Aktionär nimmt aufgrund des breiten Produktspektrums der Gruppe (56 Prozent Investitionsgüter, 37 Prozent Pkw und 7 Prozent Serviceleistungen) an der Entwicklung in drei sehr unterschiedlichen Wirtschaftssektoren teil.
Deutsche und internationale Analysten setzen auf ein langfristiges Ertragspotential bis 1998, denn dann rechnen sie mit einem neuen Höhepunkt der westeuropäischen Autokonjunktur. Der Spielraum der Aktie ist groß. Erst wenn sie an der Börse um die 1200 Mark gehandelt wird, hat sie das »all-time-high« von 1986 wieder erreicht. Für geschäftstüchtige Spekulanten vom Schlage Franz Steinkühlers heißt es daher rechtzeitig einsteigen.
Aber Vorsicht! Seit dem 1. Januar 1995 gilt das zweite Finanzmarktförderungsgesetz. Es fordert, daß alle Tatsachen und Ereignisse, die den Kurs einer Aktie erheblich beeinflussen

können, unverzüglich veröffentlicht werden müssen. Verstöße werden mit Bußgeldern bis zu drei Millionen Mark geahndet – in schwerwiegenden Fällen drohen Gefängnisstrafen. Überwacht wird der Handel an den acht deutschen Börsenplätzen von einer regelrechten Börsenpolizei: dem Bundesaufsichtsamt für den Wertpapierhandel mit Sitz in Frankfurt.

Im Daimler-Benz-Konzern prüft eine eigene Clearing-Stelle alle Nachrichten, denen eine erhebliche Bedeutung für den Börsenkurs zukommen kann. Kursrelevante Nachrichten werden sofort veröffentlicht.

Einen zweiten Fall Steinkühler soll es – zumindest bei Daimler-Benz – nicht mehr geben.

11. Kapitel

Mitsubishi: Greifen die Japaner nach dem deutschen Stern?

»Irgendwie ist es auch eine moralische Frage, ob man an einen japanischen Konzern verkauft, ob man ihm hilft, Standorte in Europa zu bekommen. Ich finde, die Abhängigkeit der Europäer von Japanern in der Elektronik ist eigentlich schon groß genug.«

Eberhard v. Kuenheim

Der lange Weg der »Familiarization«

Als Edzard Reuter im Oktober 1992 zu neuen Verhandlungen über eine strategische Allianz mit Mitsubishi nach Japan jettet, kann er die obligate Rumpfbeuge vergessen. Erstmals trifft der Daimler-Benz-Chef in der Hafenstadt Kobe auf einen Mitsubishi-Gewaltigen, der nichts gegen Händeschütteln hat und sich »Ben« nennen läßt.

Reuters neue Hoffnung, die Zusammenarbeit mit Mitsubishi endlich unter Dampf zu setzen, ruht auf Minoru Makihara. Seit Mitte 1992 ist er Chef des Mitsubishi-Handelshauses und damit Wortführer für ein Konglomerat von 160 Unternehmen. Der Kontrast zwischen dem weltoffenen Minoru Makihara und seinem konservativ-nationalistischen Vorgänger Shinroku Morohasi kann nicht größer sein: Scharf wurde Reuter von Shinroku Morohasi dafür abgebügelt, daß er hartnäckig von der »Mitsubishi-Gruppe« sprach, obwohl die sich aus kartellrechtlichen Gründen lieber als eine Reihe unabhängiger Unternehmen beschreibt.

Der Daimler-Benz-Manager hatte seine Gesprächspartner an einem empfindlichen Punkt getroffen. Bis 1945 hießen Mammuts wie Mitsubishi (mit heute vierzig Kernkonzernen in den Bereichen Handel, Banken und Versicherungen, Immobilien, Luft- und Raumfahrt, Fahrzeug- und Maschinenbau, Stahl, Chemie, Papier, Glas, Nahrungsmittel, Transport, Elektronik und einem Umsatz von weltweit über 700 Milliarden Mark) »Zaibatzu«. Seit dem Ende des Zweiten Weltkriegs jedoch existieren solche Riesenkonzerne in Japan offiziell nicht mehr. Ein kurzer Blick in die Geschichte Nippons hätte Reuter vor einem solch folgenschweren Fauxpas bewahrt. Als Mitte des vergangenen Jahrhunderts das alte Shogunat endete und Japan sich nach mehreren hundert Jahren Isolation unter dem massiven Druck amerikanischer Kriegsschiffe der Welt öffnen mußte, versuchten manche der herrschenden Samurai-Fami-

lien den Sprung in die unbekannte industrielle Welt europäischen Zuschnitts.
Das erstemal merkten Europäer dies im Russisch-Japanischen Krieg Anfang dieses Jahrhunderts, als japanische Kanonen und Kriegsschiffe das zaristische Rußland vernichtend schlugen. Mehrere der japanischen Kriegsschiffe waren zwar auf britischen Werften gebaut worden. Als es aber zur entscheidenden Seeschlacht von Tsushima in der Meerenge zwischen Japan und Korea kam, warteten die japanischen Militärs mit Verbesserungen des importierten Kriegsgeräts auf. Die europäischen Beobachter waren erstaunt. Die Techniker der großen Konzerne wie Mitsubishi hatten alles verbessert.
Das nächste Mal demonstrierten die Japaner ihre Überlegenheit auf technischem Gebiet, als sich die berühmt-berüchtigten »Zero-Fighter« von Mitsubishi während des Zweiten Weltkriegs im Pazifik auf die alliierten Truppen stürzten.
Nach dem Zweiten Weltkrieg wollten die Amerikaner deswegen unbedingt die alten Konzernstrukturen in Japan zerschlagen. Sie beseitigten die Kapitalmehrheiten. – Mit Beginn des Koreakriegs 1950 spielten die »Zaibatzu« aber schon wieder kräftig mit – allerdings in neuer Form.
Ein altes japanisches Gleichnis rät den Menschen des Landes, sich wie Bambus zu verhalten, sich unter dem Sturm und der Gewalt flachzulegen und dann biegsam wieder aufzustehen. Ein Musterbeispiel dafür ist die Mitsubishi Heavy Industries Ltd.: Fast 350 000 Aktionäre zählt das Maschinen- und Anlagenbauunternehmen mit einem Umsatz von umgerechnet 25 Milliarden Mark. Der größte Anteilseigner ist die Mitsubishi Trust Bank – aber sie hält nur 6,8 Prozent. Der zweitgrößte Eigner ist die Mitsubishi Bank mit 3,5 Prozent. Die übrigen acht Großaktionäre halten Aktien von 2,9 bis zu 1,3 Prozent. Trotzdem ist Mitsubishi Heavy ein Kernstück des Multis. Die Klammer ist seit der angeblichen Zerschlagung durch die Amerikaner nicht die Kapitalbeteiligung – sondern die Loyali-

tät der Manager zueinander und der Konsens über gemeinsame Ziele. Gibt es mal Schwierigkeiten, greift die gemeinsame Hausbank Mitsubishi Bank ein.
Minoru Makihara ist entschlossen, so das Wirtschaftsmagazin »Business Week«, den mächtigsten Konzern Japans offener für Partnerschaften mit ausländischen Konzernen zu machen. Von einem »totalen Bruch mit der Vergangenheit« spricht gar ein Analyst im Brokerhaus Kleinwort Benson Securities in Tokio. Der Wortführer der Mitsubishi-Gruppe will nicht nur die Beziehungen der Firmengruppe zu den USA und Europa verbessern, sondern auch der jungen Generation daheim ein Zeichen geben. Das Mitsubishi-Konglomerat bricht daher mit japanischen Traditionen. Zwar hat Makihara versprochen, sich an die Konsensentscheidungen des Mitsubishi-Managements zu halten, trotzdem scheut er sich nicht, Kritik am Führungsstil seines Amtsvorgängers Morohasi zu üben: »Manche Leute bei uns glauben, die Stärke eines Handelshauses sei gesichert, wenn Japaner überwiegend mit Japanern kommunizieren.«
Seine Vita hätte Minoru Makihara noch vor einigen Jahren jede Chance auf einen Chefsessel in der »Japan AG« verbaut. Er wurde in England geboren, in Harvard erzogen und hat über zwanzig Jahre im Ausland gelebt. Auch daß sein Sohn in Los Angeles für das Brokerhaus Goldman & Sachs arbeitet und seine mit einem Amerikaner verheiratete Tochter ihr Geld als Tokio-Korrespondentin von »Time« verdient, spricht für die neue Offenheit.
Als am 3. und 4. März 1990 das erste Gipfeltreffen zwischen dem deutschen Riesen und dem japanischen Mammut stattfindet, spricht die internationale Presse noch von einem ökonomischen Erdbeben: »Das Ereignis hat die Weltwirtschaft wie ein Schock getroffen«, schreibt die japanische »Mainichi Shimbun«. Und offenbar verwirrt von der gewaltigen Perspektive eines Schulterschlusses zwischen dem größten deutschen Konzern und dem größten japanischen, entdeckt die französi-

sche »Le Monde« eine »gefährliche Wiedergeburt der deutsch-japanischen Achse«. Das Schreckgespenst eines neuen Schulterschlusses der beiden Verlierer des Zweiten Weltkriegs wird an die Wand gemalt. Denn schließlich, so ordnet die »Financial Times« das Singapur-Treffen ein, gehe es dabei »um nicht weniger als die weltweite Zukunft der Automobil-, der Luft- und Raumfahrt- sowie der Elektronikindustrie«.

Ganz so dramatisch ist es freilich nicht. Der Griff der Japaner nach dem deutschen Stern gestaltet sich schwierig. Noch immer lernen sich beide Seiten intensiv gegenseitig kennen. Sie benutzen gern den Begriff »Familiarization«. Mal begegnen sie sich in Deutschland, mal in Japan. Im November 1993 treffen sie sich in Berlin. Genau ein Jahr später findet das sechste »Gipfeltreffen« in Nagasaki statt. Weitere werden folgen.

Trotz aller neuen Offenheit ist die Bilanz aber eher dürftig. An eine gegenseitige Kapitalbeteiligung ist nicht gedacht, außer wenn gemeinsame Gesellschaften gegründet werden. Das Interesse von Mitsubishi ist eindeutig. Ein hochrangiger Manager: »Wir gehen davon aus, daß Daimler-Benz uns als strategischer Brückenkopf für den europäischen Markt dient. Und umgekehrt sind wir bereit, unserem Partner aus Stuttgart beim Einstieg in den japanischen und asiatischen Markt zu helfen. Das ist zunächst das wichtigste für beide Seiten. Darüber hinaus wollen wir aber auch außerhalb Europas, Japans und Asiens global zusammenarbeiten.«

Von den insgesamt vierzig Mitsubishi-Konzernen will Daimler-Benz mit den vier gewichtigsten kooperieren: mit Mitsubishi Corporation (Handelshaus), Mitsubishi Heavy Industries (Flugzeuge, Raketen, Maschinenbau), Mitsubishi Electric Corporation (Elektronik) und Mitsubishi Motors Corporation (Personen- und Nutzfahrzeuge). Die Produktpalette der vier Gesellschaften entspricht in etwa dem Spektrum der vier Daimler-Benz-Unternehmen debis, Daimler-Benz Aerospace, AEG und Mercedes-Benz.

Die debis könnte mit der Mitsubishi Corporation den weltweiten gemeinsamen Einkauf sowie die gemeinsame Nutzung und Vermarktung von Managementsystemen und Datennetzen organisieren, möglicherweise auch gemeinsam Finanzierungs- und Leasinggeschäfte tätigen. Aber das Zusammenwirken einer stark deutsch-französisch geprägten Infrastruktur von debis mit einer relativ dünnen Infrastruktur von Mitsubishi, die zwar an vielen Orten der Welt vertreten ist, führt nicht automatisch zu einer neuen globalen homogenen Infrastruktur.
Der Rest der AEG könnte mit der (Melco) Mitsubishi Electric Corporation bei der Produktion kommerzieller integrierter Schaltkreise, beim Einkauf von Bauteilen oder Subsystemen für künftige schienengebundene Transportsysteme und beim Umweltschutz zusammenarbeiten. Konkret beschlossen wurde 1994 ein Designkonzept zur Minimierung der Umweltbelastung von Produkten.
Die Daimler-Benz Aerospace könnte einerseits mit Melco, andererseits mit Mitsubishi Heavy Industries (MHI) einen regelmäßigen Austausch von Luftfahrtingenieuren sowie von Informationen über Luftfahrtmärkte und -projekte ins Auge fassen. Ein erster Austausch von Managern und Ingenieuren wurde in Nagasaki vereinbart. Außerdem sprechen Dasa und MHI über die Möglichkeit von Entwicklung und Produktion eines Regionalverkehrsflugzeugs. Zukunftsmusik ist die gemeinsame Entwicklung eines Überschallpassagierflugzeugs. Doch das japanische Industrie- und Handelsministerium hat den Flugzeugbau zur Schlüsselindustrie der neunziger Jahre erklärt und seine Industrien zu mehr erfolgreichen Aktivitäten ermahnt.
Mit Aerospace-Aktivitäten in Eigenregie erlebte MHI seit 1946 regelmäßig Pleiten. Das Turboflugzeug YS-M scheiterte in den siebziger Jahren an überschätzter Nachfrage. Das Jagdflugzeug F-1 ist so unsicher, daß selbst japanische Piloten sich

weigern, nachts damit zu fliegen. Das Nachfolgemodell FSX hat, obschon großenteils auf amerikanischer Technik beruhend, alle Budget- und Terminpläne gesprengt. Und die Trägerrakete H-2, ein japanisches Novum, fing bei einem Test 1992 Feuer.

In der Luft- und Raumfahrt könnte Mitsubishi aus einer Zusammenarbeit mit der Daimler-Benz Aerospace größeren Nutzen ziehen als aus einer amerikanisch-japanischen Kooperation, sagen japanische Experten. Jürgen Schrempp hat das erkannt. In Tokio erklärt er bereits 1993: »In Deutschland versteht niemand, daß allein das Gespräch schon ein Erfolg sein kann. Daß wir dabei ein Vertrauen aufbauen, die Möglichkeiten des Gedankenaustausches haben, was mehr bedeutet, als nur über einen Motor oder ein Flugzeug zu reden – das alles ist in Deutschland derzeit nicht vermittelbar. Abgesehen davon gibt es natürlich bereits einige konkrete Themen, die auch umgesetzt werden. Unsere Gesellschaft ist sehr stark vom schnellen Erfolg getragen. Ich habe das in der Flugzeugindustrie lernen müssen: Wenn ich hier in Deutschland jemandem meine Überlegungen mit dem Überschallflugzeug erzähle, die in zwanzig Jahren relevant werden, lacht der mich aus. In Japan nimmt man sich Stunden Zeit, um genau dieses Gespräch mit mir zu führen.«

Die Mitsubishi-Strategen haben allen Grund, gut zuzuhören: Ihnen fehlt die Systemfähigkeit in der Luft- und Raumfahrt. Nach der Übernahme von Fokker hat die Daimler-Benz Aerospace hier viel zu bieten – und das nicht nur beim Bau von Regionalflugzeugen. Das japanische Brokerhaus Nomura Securities bringt es auf den Punkt: »Sicher ist, daß eine Zusammenarbeit mit Daimler-Benz vor allem Mitsubishi nützt.«

Allein Mercedes-Benz und Mitsubishi Motors Corporation (MMC) haben ganz konkrete Projekte. Sie wollen gemeinsam umweltschonende Technologien rund ums Automobil entwikkeln, von der Produktion bis zum Verkehr. Bei der wirtschaftlichen Entsorgung von Altfahrzeugen als Grundlage für neue Werk- und Rohstoffe haben sie einen Lizenzvertrag geschlossen, um das von Mercedes-Benz und der österreichischen Voest Alpine Stahl AG entwickelte umweltfreundliche und wirtschaftliche Verfahren des metallurgischen Recyclings von teildemontierten Altfahrzeugen in enger Zusammenarbeit zu fördern. Im Rahmen des Abkommens zeichnet Mitsubishi Motors Corporation für die Vermarktung und Realisierung des Verfahrens in Japan und auf dem gesamten asiatischen Markt verantwortlich, wogegen Mercedes-Benz und Voest Alpine Stahl für den entsprechenden Technologietransfer sorgen werden.

Im Oktober 1990 wird der erste Vertrag von Mercedes-Benz Sales Japan unterzeichnet. An diesem Joint-venture sind Mercedes-Benz über ihre hundertprozentige Tochter Mercedes-Benz Japan zu 51 Prozent, MMC und Yanase, der langjährige und erfolgreiche japanische Vertriebspartner der Stuttgarter, zu jeweils 24,5 Prozent beteiligt. Unter Einbeziehung des bisherigen von Yanase aufgebauten Händlernetzes und seiner Erweiterung um ausgesuchte Mitsubishi-Galant-Händler nimmt die neue Gesellschaft alle Marketingaktivitäten für Mercedes-Personenwagen wahr.

In Südafrika wird gemeinsam ein Pick-up produziert. Aber viel ist auch das nicht: Ein Mitsubishi-Leichtlastwagen wird von Mercedes-Benz of South Africa montiert und über das Mercedes-Händlernetz vertrieben.

Die Japaner haben viel Zeit. Die engen Kontakte zu Daimler-Benz hindern Mitsubishi Motors nicht daran, sich zu einem Drittel an der niederländischen Kleinwagentochter des schwedischen Autobauers Volvo zu beteiligen. MMC-Präsident Hirokazu Nakamura zu dem Deal: »Unsere Firma und Mercedes haben grundverschiedene Produktionsphilosophien. Volvo hält viel von Japans Entwicklungs- und Fertigungsverfahren, während wir sehr gerne von Volvos Sicherheitstechnik im Autobau

lernen wollen. Obendrein ist Schweden führend in der Humanisierung der Arbeit.« Ab 1995 wollen die Japaner zusammen mit den Schweden in Holland 300 000 Mittelklassewagen herstellen. Die Bodengruppe stammt aus Japan, die Karosserie von Volvo und der Motor von Renault. Ähnliche Coproduktionen wie mit Volvo betreibt Mitsubishi mit Chrysler (USA), Hyundai (Korea) und Proton (Malaysia). Da bleibt für eine Zusammenarbeit mit Mercedes nicht viel Platz.
Der Visionär Edzard Reuter kommt nach fünf Jahren Verhandlungen zu dem Schluß: »Ich gebe zu, mit langen Zeithorizonten gerechnet zu haben – aber nicht mit so langen. Hauptsache aber ist, daß die Dinge gut in Bewegung sind.« Mitsubishi-Stratege Minora Makihara versteht es – bei allem Bruch mit der Tradition –, sein Spiel zu spielen. Vielleicht hätte der philosophisch interessierte Stratege Reuter sich statt mit Karl Popper einmal mit der Philosophie von Miyamoto Musashi, dem großen japanischen Schwertkämpfer des 17. Jahrhunderts, beschäftigen sollen: »Wenn ein Samurai die unterschiedlichen Waffen nicht richtig versteht und beherrscht, wie kann er da mehr als nur oberflächliche Leistungen erbringen?« Edzard Reuters Nachfolger Jürgen Schrempp hingegen orientiert sich lieber in den USA. Sein großes Vorbild: General Electric.

12. Kapitel

General Electric: Jürgen Schrempps großes Vorbild

»Mir geht es darum, den Stellenwert des Kapitaleinsatzes zu nutzen, daß sich Vorstände und Management unternehmerisch verhalten. Ich weiß, daß das in der herkömmlichen Weise nicht mehr möglich ist. Ich halte es dennoch für notwendig, die Dinge ähnlich zu gestalten, damit eine ähnliche Wirkung erzielt wird. Es ist wie mit Kapital und Arbeit: Ich kann die Gegensätze nicht aufheben, aber den Widerspruch verringern.«

Reinhard Mohn

Was Sieger von Verlierern trennt

Was haben eine Radiosendung und eine Gasturbine gemein? Was verbindet eine Versicherungspolice und einen Flugzeugmotor oder eine Waschmaschine und einen Container? Die Antwort lautet mitnichten Daimler-Benz, sondern: General Electric (GE). Für Daimler-Benz-Chef Jürgen Schrempp ist der amerikanische Multi das große Vorbild.

Aus der »Allgemeinen Elektrizitätsgesellschaft«, die der große Tüftler Thomas Edison vor über hundert Jahren gründete, weil er Strom für seine neueste Erfindung, die Glühbirne, brauchte, ist ein gigantischer, weltumspannender Mischkonzern geworden. 1994 setzte General Electric über 60 Milliarden Dollar um, beschäftigte 222 000 Angestellte und machte einen Reingewinn von fast fünf Milliarden Dollar. Damit ist er der profitabelste Konzern der Welt überhaupt (ein Musterbeispiel dafür, was aus AEG, der deutschen Allgemeinen Elektricitäts-Gesellschaft, hätte werden können).

GE-Chef Jack Welch – seit 1981 produziert er auf dem Chefsessel in Fairfield/Connecticut immer neue Umsatz- und Gewinnrekorde – läßt seinen Managern viele Freiheiten. Unter einer Voraussetzung: GE ist in jedem seiner zwölf Geschäftsfelder mindestens die Nummer zwei am Weltmarkt. Die Strategien werden ständig überprüft, indem jeder Unternehmensbereich »vierteljährlich fünf Fragen zur Wettbewerbsdynamik« (GE-Leitlinie) beantworten muß – auf einer Schreibmaschinenseite. Primärziele für Geschäftserfolge sind dabei immer: »Reduktion der Durchlaufzeiten« und »Verbesserung der Kundenzufriedenheit«. Wöchentliche Diskussionsmeetings mit Verkäufern und Managern halten den Optimierungsprozeß in Trab. Welchs Managementstil ist so effizient wie einfach: »Getting people to talk, listen and be open to new ideas.« Als Resultat dieser simplen Formel katapultierte sich General Electric in vielen Bereichen an die Weltspitze:

- GE ist der weltweit größte Hersteller von Flugzeugmotoren – vor US-Konkurrent Pratt & Whitney. Im Triebwerkbau kooperiert GE seit zwanzig Jahren erfolgreich mit der französischen Snecma. Die Flugzeugmotoren des transatlantischen Joint-ventures CFM haben einen Weltmarktanteil von fast 30 Prozent.

- Bei der Energieerzeugung (Umsatz rund sieben Milliarden Dollar) und Stromverteilung wird GE dicht verfolgt von Siemens.

- Auch in der Medizintechnik hält GE Siemens auf dem zweiten Platz.

- GE macht mit technischen Kunststoffen über fünf Milliarden Dollar Umsatz – mehr als die europäischen Chemieriesen Bayer, DuPont, Hoechst oder BASF.

- Bei Elektromotoren und Lokomotiven liegt GE ebenfalls ganz vorn.

- Hinter dem US-Hersteller Whirlpool rangiert der GE-Geschäftsbereich Haushaltgeräte mit einem Umsatz von sechs Milliarden Dollar auf Platz zwei der Weltrangliste. Das Bild vom unaufhaltsamen Wachstum trübt nur eine Schlappe. GE-Chef Welch hatte begehrliche Augen auf die weiße Ware der AEG geworfen. Doch den Zuschlag erhielt Electrolux.

- GEs Fernsehsender NBC ist die zweitgrößte Sendeanstalt der Vereinigten Staaten und poliert das Image des Konzerns in der Öffentlichkeit auf. Sogar ins europäische Showbusineß hat Welch einen Fuß gesetzt. 1993 stieg die GE-Tochter NBC bei dem europäischen Satellitensender Super Channel ein und berieselt seitdem die Alte Welt mit Seifenopern made in USA.

- Nur in der Fabrikautomation liegt GE bislang auf Platz drei der Weltrangliste. Seit Herbst 1994 hat sich das Blatt gewendet. Mit der Übernahme von Teilen der Automatisierungstechnik und Energieverteilung der AEG Daimler-Benz Industrie holt GE weiter auf. Ein AEG-Manager: »Die Amerikaner interessiert vor allem unser Vertriebsnetz, die kaufen sich hier den Marktzugang.«

- Die größte Leistung von Jack Welch aber ist der konsequente Ausbau des Dienstleistungsgeschäfts. Mit 24 Milliarden Dollar steuert GE Capital Services (GECS) zuletzt mehr als ein Drittel zum gesamten GE-Umsatz und mehr als ein Drittel zum Gesamtgewinn bei. Der Bereich erzielt 1994 einen zweistelligen Umsatzzuwachs. Aus dem bescheidenen Kreditgeschäft, mit dem GE in den zwanziger Jahren den Absatz seiner Kühlschränke ankurbeln wollte, ist ein mächtiges Finanzimperium geworden: GECS kontrolliert den zweitgrößten Rückversicherer der USA, die Employers Reassurance Corp. Mit Capital Fleet Service betreibt Welch die größte Flotte geleaster Autos in den USA. GECS ist weltweit der größte Leasinggeber für Flugzeuge (GPA) und für Schiffcontainer (Genstar). Auch in Europa ist GE Capital Services aktiv. Die GE-Finanztochter übernahm das Kreditkartengeschäft des Londoner Edelkaufhauses Harrods, die Autovermietung der Barclays Bank, das Leasinggeschäft des Autoverleihers Avis und drei Prozent an der spanischen Banco Bilbao Vizcaya. Die Finanztochter verwaltet weltweit rund 100 Millionen Kreditkarten.

Doch Welch versteht sich nicht nur auf spektakuläre Takeover, er beherrscht auch die Kunst des klugen Unterlassens.

Der GE-Chef hält Mitte der achtziger Jahre am Bau großer Kraftwerksturbinen (einem Kerngeschäftsfeld) fest, obwohl die Experten weltweit der Meinung sind, damit ließe sich kein Geld mehr machen. Gegen den Trend investiert er massiv in die Maschinentechnologie. Dank weltweit boomender Nachfrage nach schnell zu installierender Stromleistung werfen die Turbinen heute eine höhere Rendite ab als alle anderen GE-Industriebereiche. Inzwischen produzieren in Europa der französisch-britische Elektrokonzern GEC-Alsthom und in Japan die Konglomerate Hitachi und Toshiba GE-Maschinen in Lizenz.

Für über 15 Milliarden Dollar hat Jack Welch in den letzten zwei Jahrzehnten zugekauft. Analysten erwarten, daß er sogar noch einmal mit einer großen Unternehmensübernahme zuschlagen wird, ehe er im Jahr 2000, wie er selbst plant, in Pension geht – nach zwanzig Jahren an der GE-Spitze. Im Herbst 1994 erklärt der Manager, der nur äußerst selten Interviews gibt, gegenüber dem US-Magazin »Forbes«: »We're the fastest elephant at the dance. We've got a long way to go to be the fastest dancer.«

Das General-Electric-Erfolgsrezept:

- *Globalisierung*
  Je größer die geographische Geschäftsbasis, desto geringer die Abhängigkeit von nationalen Konjunkturzyklen.

- *Mitarbeiterorientierung*
  Motivierte und qualifizierte Angestellte und Arbeiter sind nicht nur Kostenträger, sondern die erste Voraussetzung, um am Markt zu bestehen.

- *Innovationskultur*
  In einem sich schnell verändernden Wettbewerbsumfeld müssen auch kurzfristig neue Produkte auf den Markt geworfen werden können.

- *Kostenmanagement*
  Permanente Produktivitätssteigerungen, Struktur- und Prozeßoptimierungen gelten als normales Managementpensum und nicht nur als Kriseninstrument.

- *Kundenorientierung*
  Nicht der Marketingvorstand, sondern jeder Mitarbeiter im gesamten Unternehmen ist für den Kunden verantwortlich. Einerseits darf es nicht heißen: Wir wissen heute, was die Technik leisten kann, aber nicht, was der Kunde wirklich will. Andererseits ist es eine große Gefahr, nur auf den Kunden zu hören, denn dann macht das Unternehmen morgen noch genau dasselbe wie gestern – im besten Fall etwas besser.

- *Organisation*
  Die Balance halten zwischen der Schlagkraft und Flexibilität kleiner selbständiger Einheiten und dem Risiko, daß die Zentrifugalkräfte der einzelnen unternehmerisch handelnden Bereiche den gesamten Konzern auseinanderreißen.

- *Fertigungstiefe*
  Die Managementkapazitäten müssen konzentriert werden, so daß sie sich nicht in gefährlich langen Wertschöpfungsketten verheddern.

Unermüdlich feilt der gelernte Chemiker Welch an den Strukturen seines Konglomerats. Immer schneller, flexibler, dezentraler soll der Riese werden. »Wir brauchen die Seele eines

Mittelständlers«, predigt der GE-Veteran bei jeder Gelegenheit – und hat dabei die Rendite doch fest im Auge.
Was nicht ins Sortiment paßt, stößt Welch (Wahlspruch: »Fix or sell«) gnadenlos ab. Seit 1987, als Edzard Reuter in Stuttgart den Olymp bestieg, verkaufte Welch Konzernteile im Wert von fast 20 Milliarden Dollar. (Der Daimler-Chef dagegen gab nur Milliarden aus, die sich nicht auszahlten.) Einer der letzten großen Deals des GE-Chefs: der Verkauf der Raumfahrt- und Rüstungssparte an Konkurrent Martin Marietta für mehr als drei Milliarden Dollar im November 1992. Welch erkannte rechtzeitig: Mit Rüstung läßt sich nur schwer Geld verdienen. Damit geht zwar der Umsatz des Multis zeitweilig zurück, nicht jedoch der Gewinn.
Die Symbiose zwischen Industrie- und Finanzgeschäft, die Jack Welch geschaffen hat, ist perfekt. Seine Forderung nach »speed, simplicity und self-confidence« (Schnelligkeit, Einfachheit, Selbstbewußtsein) zahlt sich aus. Über die finanzgewaltige Mutter kann sich die Bankentochter billiger als die meisten Kreditinstitute Geld beschaffen. Daimler-Benz versucht mit seiner Dienstleistungstochter debis den GE-Erfolg zu wiederholen – bisher nur mit mäßigem Erfolg. Doch der alte debis-Chef und neue Daimler-Finanzvorstand Manfred Gentz hat Hoffnung: »Das Beispiel GE beweist, wie wichtig Finanzierungsfunktionen heute für einen Industriekonzern sind.«
In der Tat: Jack Welch hat im Gegensatz zu Edzard Reuter bewiesen, daß ein Mischkonzern erfolgreich zu managen ist und höchst profitabel sein kann – vorausgesetzt, er diversifiziert in den richtigen Geschäftsfeldern und besinnt sich rechtzeitig auf seine traditionellen Stärken. Jürgen Schrempp hat das erkannt.
Der Erfolg oder Mißerfolg des neuen Vorstandsvorsitzenden der Daimler-Benz AG – mit über 100 Milliarden Mark Umsatz und über 300 000 Mitarbeitern die Nummer eins der deutschen Wirtschaft – entscheidet nicht nur über die Zukunft des

Konzerns. Er gilt auch als Meßlatte für die Stellung der deutschen Wirtschaft auf dem Weltmarkt. Das Wirtschaftsmagazin »The Economist« dazu: »Success would suggest that German industry can rise to its new challenges; failure that Germany's managers are inflexible.«
Was Edzard Reuter nicht geschafft hat – Jürgen Schrempp hat es in der Hand.

Weiterführende Literatur

Eglau, Hans-Otto, *Edzard Reuter*, Düsseldorf 1991
Drosdek, Andreas, *Der Samurai-Faktor*, München 1994
Balkhausen, Dieter, *Alfred Herrhausen*, Düsseldorf 1990
Leontiades, Milton, *Mischkonzerne verändern die Welt*, Düsseldorf 1987
Mohn, Reinhard, *Erfolg durch Partnerschaft*, Berlin 1986
Naisbitt, John, *Global Paradox*, Düsseldorf 1994
Slater, Robert, *The new GE, How Jack Welch Revived an American Institution*, Illinois 1993
Potthoff, Erich/Trescher, Karl, *Das Aufsichtsratsmitglied*, Stuttgart 1994

Zeitschriften und Zeitungen

Börsen-Zeitung
Business Week
Fortune
Der Spiegel
Manager Magazin
Capital
Top Business
Die Zeit
Zeit Magazin
Frankfurter Allgemeine Zeitung
FAZ-Magazin
Economist
Wirtschaftswoche
Die Welt
Süddeutsche Zeitung
SZ Magazin
Die Woche
Stern
Financial Times
Stuttgarter Nachrichten
Neue Zürcher Zeitung
Le Monde
Mainichi Shimbun

Personen- und Sachregister